HAVE A NEW
HUSBAND
BY FRIDAY

周五收获新老公

〔美〕凯文·李曼 著
王玥 译

语文出版社
·北京·

Copyright © 2009 by Kevin Leman
Originally published in English under the title
  Have a New Husband by Friday
  By Revell
  A division of Baker Publishing Group
  Grand Rapids, Michigan, 49516, U.S.A.
All rights reserved.
The simplified Chinese translation rights arranged through Rightol Media
本书中文简体版权经由锐拓传媒取得Email:copyright@rightol.com

图书在版编目(CIP)数据

周五收获新老公 / （美）李曼著；王玥译. — 北京：语文出版社，2012.11
 ISBN 978-7-80241-379-5

Ⅰ. ①周… Ⅱ. ①李… ②王… Ⅲ. ①女性—婚姻—通俗读物 Ⅳ. ①C913.13-49

中国版本图书馆CIP数据核字（2012）第166375号

责任编辑	高全军
装帧设计	刘姗姗
出　　版	语文出版社
地　　址	北京市东城区朝阳门内南小街51号　100010
电子信箱	ywcbsywp@163.com
排　　版	语文出版社照排室
印刷装订	北京市兆成印刷有限责任公司
发　　行	语文出版社　新华书店经销
规　　格	890mm×1240mm
开　　本	1/32
印　　张	8.125
字　　数	136千字
版　　次	2013年1月第1版
印　　次	2013年1月第1次印刷
印　　数	1–5,000
定　　价	28.00元

本书如有质量问题请与本社发行部联系　☎：010-65251033

译者荐序

一生的工作

"当走过那条铺满鲜花的红地毯,我一生的工作便确定了,那就是了解她,用她希望和需要的方式爱她。同样,当你说'我愿意'的时候,你的工作就变成了取悦、尊重、崇拜你的丈夫。这不是项容易的工作,但是很简单,回报更是超乎想象。"

为全球女性写下这段话的是本书作者凯文·李曼博士,一位世界著名且十分幽默的心理学家,同时也是拥有五个孩子的父亲,一位"和同一个女人结婚生活了四十年"的甜蜜丈夫。

"取悦、尊重、崇拜",这三个词在中国现代女性听来,不啻让她们穿越到清朝。然而对远在美国的凯文·李曼博士来说,恰是精妙的婚姻药方,进而言之,是"一生的工作"。

在他这本书里，这三个词更是演化成了一条条精彩独到的"驯夫"法则：

1. 把你对男人的期望先抛到窗外。

2. 一定要了解他与母亲相处的方式。

3. 记住：他是你的爱人，不是你的女友！

……

无须列举书中令人耳目一新的技巧了，本书作者凯文·李曼博士，这位婚姻中睿智的"老狐狸"尝足了婚姻的甜头，即使去掉"世界著名心理学家"的头衔，他也完全有资格告诉我们一个婚姻中的男人在想什么，一个女人怎样才能把自己的丈夫变成一只听话的"海豹"。

这本书，早在翻译之初，我就迫不及待地想推荐给中国的女性（包括已婚和即将步入婚姻殿堂的）。如今付梓之际，我只想对你们说，赶紧阅读吧，幽默实用，将足以改变我们的婚姻生活！

王 玥

2012年10月于北京

这本书适合你吗

请做下面的小测验,看看这本书是否适合你的胃口。在每个问题前面的横线上写下 "Y"(是) 或 "N"(否)。

关于你

____ 你有时会问自己,*为什么我要对我丈夫好?他其实根本不在意。*

____ 你怀疑:*这些对我有什么意义?*

____ 你害怕*离婚*这个词。

____ 有时你根本搞不懂他。

____ 有时你觉得自己就像一个雇工。(你的付出和回报不相称。)

____ 你不知道他是否真的爱你,真的关心你。

____ 在夫妻关系中,你总是采取主动的一方。

____ 你觉得只有你一个人在为家庭付出。

____ 你不确定是否再需要——想要——你丈夫。

____ 你不知道你那披着闪亮盔甲的骑士哪里去了。

关于你丈夫

____ 即使你说的事情很重要,他也从不(很少)倾听你。

____ 他是个好人,但是对你的感受茫然无知。

____ 他从来不干家务活。

____ 生气的时候,他对你非常冷淡。

____ 他总是不回答你的问题。你怀疑他的听力是否有问题——或者只是对你置之不理。

____ 他的注意力始终放在自己的工作和其他事物上,对你好像漠不关心。

____ 他不够尊重你。

____ 他对你,对你做的事情总是想当然。

____ 他对你进行语言或肉体虐待。

____ 他不浪漫。(一年一次的情人节玫瑰实在不够。)

____ 他像对待奴隶一般随意使唤你。

____ 你必须一遍一遍提醒你嘱咐他的事情。

关于你和他

____ 有时你觉得奇怪,曾经和我约会的那个男人哪里去了?我嫁的那个男人哪里去了?

____婚姻完全不符合你的想象,你对此非常失望。

____夜深的时候,你常常怀疑自己的婚姻是否还能继续下去。

____你们经常激烈地争吵。

____浪漫消失了。

____你们的交流方式需要改进——你厌倦了自言自语。

____你希望获得更好的夫妻关系。

____你希望能像好友那样获得美满的婚姻。

____只有你一个人在努力维持婚姻。

如果上述任何问题引起了你的共鸣,或者至少有一个问题的回答是肯定的,你不仅需要好好*读一读*这本书,更要*时刻带在身边。*

这本书正对你的胃口。

我保证。

在星期五收获一个新老公？这可能吗？

老实说，我在骗你。如果你做得对，*星期*三他就出现了。请读下去，我会告诉你如何做。

这是你渴望已久的奇迹。

我保证。

致阿平顿夫人，我遇到的，最棒的妻子和朋友。感谢上帝，为了那个我们相遇的日子（在男士洗手间）；为了那个45年前，在我父母家后面的田野里（我总是这样浪漫），你答应嫁给我的日子。小时候，你曾经祈祷有一天能够拥有一位个性十足的男人。不过上帝自有其幽默之处：他认为男人有一个特点就不错了。

阿平顿夫人，你是多么的出类拔萃——一位能够携手共度一生的了不起的母亲和可爱的女人。这难道不是一段伟大的旅程吗？还有比五个敬爱我们、彼此相爱的孩子更美好的事物吗？你用自己的美丽、力量、友善和体贴，不仅丰富了我的，还有无数其他人的生活。

爱你的李曼

8
Have a
New Husband
by Friday
周五收获新老公

目　录

秘密揭晓
你们是不同的物种，但是能够和谐共处。

6

星期一

缺乏尊重
你在试图把一匹斑马变成马吗？

84

奖励章节

致谢

1

前言

3

星期二

45

保证满意
你希望谁将带来你的新老公？

另一个星球的生物……还是习惯的产物

若想了解男人，就要追踪他们的巢穴。

想象他是一只海豹，在追逐一条三磅重的鱼

为何同丈夫做爱，对于了解他是谁，他将如何满足非常重要。

164

星期四

这不容易，但是很简单

周五收获新老公的十个倒计时步骤

遇到下面的情况，你会怎么做……

227

后记

245

关于凯文·李曼博士

星期三

116

想好要说的话，分成十次说

如何让他聆听你，你又该如何聆听他？

星期五

196

真正的女人，才能造就出真正的男人

如何打开你丈夫的心扉，刷新你的爱情生活，把他塑造成你梦寐以求的骑士？

注释

242

Acknowledgments
致谢

谁说男人不需要女人？拿我来说，便需要许多女人，包括下面这三位尤其出色的：

杰西卡·麦尔斯，我的项目编辑，由于她的慧眼和助益，我这只小狗才能欢叫出声。

洛尼·霍尔·杜邦，她的工作带有强烈的个人色彩，至今能够有条不紊地处理摆到她桌面上的各种繁杂事务。

罗梦娜·克莱默·塔克，同我一起热情地帮助那些家庭建立稳固坚实的基础——鼓励他们一路上走得欢乐开怀。

Introduction 前言

前　言
保证满意

你希望谁将带来你的新老公？UPS（美国邮政）？FEDEX（联邦快递）？（美国邮政有可能，只是费用高了一些。）或者你希望快递员直接把他送来？

还记得当年和你的配偶结为一对时，那些最初的欢欣鼓舞的时刻吗？那些随之而来的梦想、希望、期盼？那些呢喃细语，相互依偎的夜晚（生孩子之前）？

不过也许你因此要好好翻翻那些陈年旧账。已经结婚5年，8年，17年，或者27年的你，初时的兴奋喜悦早已经被现实替代。（时间足以令婚礼上的鲜花枯萎。）你并不总是喜欢自己嫁的这个人。有些时候他惹你厌烦，有些时候他让你火冒三丈。上一次听到他说"我爱你"还是在两年前的情人节。你厌倦了你们之间的"讨论"，两个人似乎总是想不到一块儿。你希望他能够更听话，做一个更好的父亲，在橄榄球赛季期间可以时不常地从沙发上站起身。

4
Have a
New Husband
by Friday
周五收获新老公 ♥

尽管你已经很努力地在为婚姻保鲜，你们的生活依然逐渐陷入一成不变的单调乏味。你觉得纳闷，*我们怎么会变成这样呢？* 曾经梦想的骑士岁月变成了没有期盼的无聊日子。你希望重新找回一点激情。

也许你正在日复一日地忍受着精神折磨和肉体虐待，或者正被某个男人操控着。你灰心丧气，疲惫不堪，不确信是否需要一个新老公……至少不是现在这个人。你觉得还是活在旧模式中为好，但是又想尽最后一点努力看看能否拯救自己的婚姻。（不要着急，我为你写了一个很特别的章节。）

太多的夫妻安于婚姻带来的小小好处，而他们原本能够获得更多。不要灰心。事实是，10年，25年，或者35年之后，你的婚姻会变得如你想象的那般丰富多彩、精彩绝伦、声色俱佳！听我的没错。我已经结婚40多年了——只和同一个女人——我们仍然生活得像劲量兔子那样带劲。（译者注：劲量兔子，美国劲量电池的广告形象。）

这本书里面有的地方你会喜欢，有的不会。你可以在任何时间来找我自由地讨论，我希望的只是请先听我把话说完。你拿起这本书一定是有原因的：标题吸引了你。谁不想在星期五获得一个新老公？每个女人的心底都是一位改革家，对她的男人抱有一整套革新计划。

这可能吗？你心里琢磨。我已经在他身上下了许多年工夫，一点儿也没能改变他。现在这个咨询师居然说我能在星期五获得一个新老公？如果有效的话，我一定要看看……

是的，这本书中的原则是有效的。上千对夫妻已经成功地证明了这一点。最重要的是，这些原则非常简单。你不需要和女友安排三次午餐来讨论它们，想办法弄明白它们。你的男人是个很单纯的生物。只要你做对一些事情，持续地赢得他的注意，你会惊讶地发现这些确实非常简单，*然后你会满怀希望地打电话给你的女友，说：*"嗨，你一定要读读这本书。难以置信，它真的管用！"

遵循这些原则，你便能够在星期五获得一个新老公。他会为你做任何事情。听到了吗？*任何事情*。这么多，想不到吧？那意味着，你将获得一个全新的丈夫，他会饱含热情，充满智慧，全身心地取悦于你。对你平等相待，帮你排忧解难。

周五收获新老公，一个简单的游戏计划，你完全能够遵循。不容易，但是很简单。我保证，你丈夫的态度、行为和交流方式的改变会令你非常震惊。

一切从了解这个陪你走过红毯的两条腿的生物开始。

星期一

秘密揭曉

星期一
秘密揭晓

❤ 你们是不同的物种,但是能够和谐共处。

"亲爱的,芥末在哪?"我站在厨房敞着门的冰箱前,问道。

"就在右边。"我妻子从两个房间以外的地方喊过来。

我把脑袋使劲又往里探了探,直起身叫道:"没有啊。"

"就在那儿。"桑蒂坚持着,"就在右边。"

我又努力找了一遍:"没有,就是没有。"

即便看不到桑蒂的表情,我也知道她一定在翻白眼。这种情形已经在我们之间发生 N 次了。

桑蒂风一样地冲进厨房,走到冰箱前面,打开我刚刚因为失望关上的门,抓起一件我想找的东西。"你要的是不是*这个*?"阿平顿夫人问道,脸上带着一副瞧瞧这个傻瓜的表情。然后走了出去,边走边摇头。

8

Have a
New Husband
by Friday
周五收获新老公 ♥

为什么女人总是能够赢得这种"找东西"的游戏?

近日,我女儿汉娜在通电话的时候告诉我,她的大学室友订婚了。当时,我用典型的父亲的口吻问:"有什么新鲜事吗,亲爱的?"

"哦,贝卡,我的室友,刚刚订婚了。"

"很好。"

就这样,这个话题结束了,我们又转到别的事情上。

第二天,我和桑蒂开车出门。汉娜打电话给她妈妈,显然正在告诉她同样的事情,因为桑蒂兴奋地说:"哦,太好了。真是个好消息。贝卡一定特高兴,对吧?"

然后她们就没完没了地说了下去,猜猜我都听到了什么?

"他在哪里求婚的?"

"他们准备什么时候结婚?"

"她是不是很惊喜?"

"婚礼在哪里举行?"

"她父母喜欢他吗?"

"你们会不会举行一个订婚聚会?"

"戒指是什么款式的?"

"你喜欢吗?"

"你觉得订婚怎么样?"

等等,等等。只有当汉娜在那头回答的时候,桑蒂才会安静几分钟。

对此我只能苦笑。很明显,男性和女性交流的方式有着很大的区别。我和汉娜很亲近,经常通电话,但是她和她妈妈沟通的方式显然与我不同。

昨天,我又遇到这样一个场景。当时我正在纽约的一间餐馆用餐,右边桌子坐着两对三十岁左右的夫妇。女方像两只多动的啄木鸟一样说个不停,整整45分钟,她们面对面,靠得紧紧的,兴高采烈地聊着,而她们的丈夫呢?用典型的男性方式互动着。

"天气很好。哈?"

"嗯。"

"汤不错。"

点点头。

我忍不住指着她们对我旁边的一个人说:"瞧见没有?她们多开心,她们在分分分享!"

他笑着表示认同。

我们看着那两个女人吃完饭站起身,手挽着手离开,嘴里还在计划着何时再见面:"星期二可以吃早餐,星期三可以吃午餐。但是星期四这里提供很好的汤,要不星期四?"

她们继续滔滔不绝地谈着,那两个已经无话可说的丈夫,尾随在后面。

可以这样讲,作为一个男人,我认为自己有一个好朋友,一个3岁便认识的发小——傻蛋,是件很幸运的事情。可是我和傻蛋会一起分享心得吗?门儿都没有。我们会一起钓鱼,一起打球,一起咕噜喉咙,一起叫喊加油,就是这样了。但是我们的老婆,采取的是一种"共享和关怀"模式,绝不止一个偶尔的拥抱。

下面是我在家做晚饭时的样子。每句话之间差不多有10分钟的间隔。当我喊:"豆子!"其他人来到桌前开始吃豆子。十分钟后,我又喊:"土豆!"又过了20分钟,是:"肉好了。"

相反,我可爱的新娘,却能够干净利落地把餐桌上的盘子摆放得漂漂亮亮,更令人惊讶的是所有的食物一起上桌!(而我,如果在开车的时候寻找东西,都要把收音机关掉。一心两用实在不是我的特长。)

毫无疑问,女人和男人是不同的。如果你不同意这一点,那最好现在就把这本书丢掉,你不会明白我在说什么。

当今社会中有个误区是,把平等当做"相同"。女人和男人是平等的,但是他们绝不相同。

> **需要遵守的规矩**
>
> 1. 他是你的丈夫,不是女友。
> 2. 他从来不会像你一样思考问题。
> 3. 他和你是平等的,但是不同。

❤ 平等但是不同

很明显,男性和女性是有区别的。我们的大脑是不同的,我们的生理结构是不同的,我们的情绪是不同的,我们看待生活的角度是不同的。例如,《大脑皮层》杂志报道:大脑中控制视觉空间和智力空间的概念——例如数学、建筑方面所要求的技能的那一部分,男性要多于女性6%。[1] 男性的大脑相对来说大一些,然而谈到脑细胞数量,女性略胜一筹。[2]

根据学术研究,男性和女性大脑的工作方式不一样。当执行相同的工作时,他们大脑不同的部分产生反应。[3] 女性会左右脑齐上,而男性大脑的活动仅限于一侧。[4]

左脑功能	右脑功能
逻辑	感觉
细节	宏观
事实	想象
语言、词语	标志、形象
现在、过去	现在、未来
数学、科技	哲学、宗教
有秩序、知觉模式	空间模式
事物名称	事物功能
基于现实	基于想象
制定策略	提供可能性
实践性	冲动
安全[5]	冒险[6]

你是不是很纳闷你丈夫如何能够长时间地辛勤工作？研究表明，女性比男性更容易出现严重的长久的疼痛感。[7]（你早知道了，对不对？）一般而言，你比你丈夫更经常更严重地感到头痛、面部疼痛、牙痛、背痛或者其他痛楚，或许这可以解释为什么当你感冒了，只需吃颗白药片便万事大吉（你已经习惯了这种小痛苦），但是当你丈夫感冒的时候，他就变成了一个小孩，想喝鸡汤、不停叫着要果汁，快点！男性承受痛苦的能力比女性差得多。

虽然一些研究仍希望证明在比基尼线（译者注：沿着

比基尼下装，露出的性感曲线就是比基尼线）之外，男性和女性的生理几乎没有什么不同，但是更多的医生开始认可哥伦比亚大学玛瑞尼·莱格托教授的说法："男性和女性的生理结构之间存在着大量的、重要的不同点。从神经中枢系统到内脏器官，到皮肤，到新陈代谢药物的方式。"[8]

这些区别影响着婚姻生活的各个方面。例如，大约31%的男性性交困难，而女性中的比例是43%（接近50%）。[9] 一个研究表明，三分之一的女性宣称对性不感兴趣，只有六分之一的男性会这样说。十分之一的男性声称性带来的快感不够，而五分之一的女性会说性一点都不好玩。[10] 考虑到极少有男性无法达到性高潮，而许多妇女却始终在这方面挣扎，这种情况是可以理解的。

自然的性欲望同样是有区别的。也许你不会对此感到惊讶，研究表明男性的性需要"很容易被明显的暗示触发"，（我已经听到你的叹息了。）而且在整个生命周期中"显得更稳定"。[11] 换一种特别的说法即是：普遍而言，直到你丈夫停止呼吸的那一刻，他的

> 嫁给一个男人，就像买了一件你在商店橱窗里面渴望了很久的东西。刚拿回家的时候你会很喜欢，但是它不总是和家里的其他东西协调。
>
> 珍妮·凯瑞 [12]

欲望一直很容易被激起。同样的研究表明，女性的性需要更依赖于她同伴的反应而不是自己内在的冲动。也就是说，她的需要是随着与伴侣的互动产生的，而她丈夫仅仅因为看到她赤裸的身体——甚至穿着衣服就能勃起。

毫无疑问你丈夫是一个外星人，一个怪胎，一个十足的（甚至是令人恼怒的）神秘生物。了解男人的天性有助于你拥有一份非常满意的夫妻关系。同时可以肯定的是：社会对你这方面的需要没有任何帮助。

❤ 无性别骗局

在这本书中，我不时会提到一些天使都不敢涉足的地方，此处便是一个。在你想跳到其他地方或者把这本书扔掉之前，请先让我把话说完。如果你的目标真的是在星期五得到一个新老公，请接着看下去。

必须直言，整个男女平等运动中推行的无性别观点，没有给女性带来任何益处。"我们是一样的，我们没有区别"，这个口号响彻全球。但是，老实说，我们男人应该为此受到责备。如果我们真是上帝心中希望的那种万物之灵，根本无须这样的改革运动。我们，男性和女性，能够非常和谐地共存。

请允许我问一句:你认为完美的婚姻,应该是什么样子?我会描绘一幅场景,然后请告诉我你的想法。

在完美的婚姻当中,丈夫和妻子亲密无间。他们共同规划生活,做决定之前会交流沟通,日日互爱互敬,畅所欲言而无须害怕受到对方的贬损、评判或者批评。他们感情融洽,相濡以沫。他们可以因为工作分开几个星期,回来后依旧能够继续未完成的话题。他们的性生活健康和谐美满。他们共处的时光,感觉就像冬天穿着自己最喜爱的暖暖的拖鞋一般舒服。他们互挽着手臂,知道自己被爱着、被关心、被尊敬、被欣赏、被聆听。他们是如此心心相印,甚至不需要借助任何语言。

婚姻的核心,只有一个:尊重,互相尊重。但是现今的文化却在各方面贬低着男性。男性不再受到他人的重视,更不要说他们的太太了。情景喜剧经常把男性描绘得像个什么都不懂的白痴、不切实际的小丑。女演员高喊:我要有个孩子了!却丝毫不提孩子他爸的事情。社会普遍的心态是:谁需要男人?他们一无是处。男性被丢在一旁,感觉不被尊重,不被需要,当然也不再重要。

这样的心理状态会巩固婚姻还是拆散婚姻?看看上升的离婚率就知道了。如今有二分之一的婚姻以离异告终,平均婚龄只有七年。如果你认为自己的婚姻没有风险是因为"我们深深地，*深深地*爱着对方——我们绝对不会离婚"，不要忘了别人也曾经这样说——只是七年后他们便让各自的律师展开离婚诉讼了。

所以，你以为自己有何不同吗？怎样做才能维持住婚姻？才能比别人更能守住自己的丈夫？才能拥有一个美满幸福的婚姻直到白头？

我已经记不清听过女性多少次这样说了："但是，李曼博士，我不想在婚姻中失去自我。我的意思是，我仍然是我，我只是结婚了，我不希望失去自己的身份。"这就是我所谓的"已婚的单身生活方式"。你结婚了，但是你却没有意识到这点，那张纸的含义不过是你和你丈夫可以合法做爱了。你们的联系不紧密，情感不通畅，关系不透明，因为你太在意"不要失去自己"了。

有趣的是，这些女性到我的咨询室来讨论她们的婚姻危机。她们总是摆出问题，然后说："我希望我丈夫能够欣赏我作为一名女性的才华，创造力等，而不仅仅是我的身体，或者我为他做的事。"继续交谈下去，我会提出几点建议，请她们改变一下在家时和丈夫的互动方式。不出所料，她们都会回应说："您在开玩笑吗？讨好我丈夫？为什么要那么干？"

"那么,"我回答道,"为什么他要讨好你?"

看到了吧?在一个民主社会,如果你有权贬低我,我也有权贬低你;如果你不愿意取悦我,我也不必取悦你。

这是一张治疗婚姻问题的良方。即便你是一个有信仰的人,也不要认为自己可以免疫。具有讽刺意味的是,按照巴纳组织的说法,越有信仰的人,离婚的概率越大。[13]

现在许多婚姻模式是:他的和她的。如同洗手间里他和她的毛巾一样,可能暂时看上去不错。但是没过几年,那些毛巾慢慢变得破旧,裂开了缝隙,就像他和她的婚姻。双方都习惯按自己的方式生活,于是开始觉得:*为什么要这么麻烦?我自己一个人就够了,我不再需要这场婚姻了。*

《今日美国》中有一篇文章提到,42%的30岁以下的夫妻不商量消费问题(包括买车)。如果丈夫需要车,他就买一辆;如果妻子需要,她就买一辆。(有趣的是,三分之一的65岁或者以上年龄的夫妻,说他们会在许多重要的事情上面协商。[14])难怪现在许多夫妻存在着严重的财务危机。

在目前这种无性别差异的社会权利之争中,猜猜到底谁在当家?毫无疑问,是女性!出人意料的是,男性却不加以反抗。女性占有优势,《今日美国》中另一篇文章中这样说:

18

Have a
New Husband
by Friday
周五收获新老公 ♥

我们调查了美国典型家庭中的1260人,在四个领域的决策方面,43%的家庭女性说了算,大概是男性的两倍……

米根·墨菲,衣阿华州立大学婚姻和家庭行为疗法计划的负责人,这样讲道:据说男性是家庭的领导和决策者,但是实际上我们看到的并不是这样。[15]

你真的希望和你丈夫"相同"吗?或者你是否需要这样一个男人,视你为生活中平等的伴侣——和他有区别,但是完全等价。你们能够彼此取长补短,愉快合作。他因为你的才华看中你,会询问你的想法,不担心你的评判。他愿意为你做任何事情。他会倒垃圾(无须提醒),会在你出门的时候看孩子。他是你的梦中情人——总是聆听你,欣赏你,崇拜你。他的一生都将围绕着你,作为保护你的骑士,你的灵魂伴侣。

现在面对这个问题,好好想一想,*这是你真正希望得到的吗?*

如果是的,那为何不在这本书的提示下,丢掉那些你认为谁该在家里做什么、不该做什么等等先入为主的观念,开始了解认识你嫁的这个生物?我保证,这值得你花点时间。

❤ 设置底线

> **如何换个角度思考**
> 1. 评估当前的形势。
> 2. 你通常会怎么说？这个行为对你想要在周五收获新老公有益还是无益？
> 3. 保证采用不同的回应方式。
> 4. 说话时加上身体语言。

近几十年间，社会很巧妙地定义了男性的角色。新新"感性"男人应该能够读懂女性的心思，领会女性的直觉，愿意花整晚的时间拥抱和聊天。

对于男性而言，一晚的拥抱和聊天，其难度不亚于让一条鱼爬树。男人们在一起的时候，会谈论工作、账单、天气、股票、本地的球队——任何我们身边的事情。如果一个伙计说他老婆刚刚生了一个孩子，我们会祝贺一声，但是通常不会问："宝贝多重啊？九磅？你开玩笑吗？真够大的。宝宝有多高？……22英寸？正好是一条大眼鱼的尺寸。还有，花了几个小时生出来的？"这绝不是男性思考问题和谈话的方式。除非那个骄傲的父亲主动提供信息，我们甚至会忘了问生的是男孩还是女孩。

男性是生理动物。我们都是*好色*的。我们对生理感兴趣。打个比方吧，你在某个社交场合偶然碰到那个你最尊敬和信任的人，我不是指你的亲戚。我敢打包票——在不超过五分之一秒的时间里面，他已经把你从头到脚，包括中间所有的重点都一览无余了。不相信？问问你老公。

作为一名绅士，我们不会在想象中把你脱光，更不会去联想和你做只和自己老婆干的事。但是我们会注意到你，这就是男人的天性。我们不打算冒犯你，会小心自己的行为，不去暗送秋波，但是大部分的男性确实会去看女性的。

因此，代表所有的男性，我要划下一条底线。我不再参加更多的特百惠派对，我不再吃乳蛋饼，我不再为承认性和橄榄球分别是上帝和男人的两大发明创造感到抱歉。我甚至可能会在今天下午停车等红灯时向窗外吐痰。

我对自我中的女性角色感到厌烦，谢天谢地，我很喜欢自我中的男性部分。我的男性身体中有一些部分很让我迷恋和感到骄傲。

这就是事实。为何要向你坦诚这些？我只想表明：请不要挑你男人作为一个男性的缺点。睾丸激素有其好处。你认为我们是如何打开那些蛋黄酱的瓶盖的？但是，一个男性的优点，往往也是让女性发疯的缺点。例如，男性幻想性的时间远远超过你们的想象——想知道吗——悄悄告诉你，是你的33倍。还有，我们赶不上你们庞大的话语体系，我们就是没有那个能力。

男孩比女孩关注的对象更广泛，他们喜欢只花很少却很有效的时间针对某一事物。他们极富热情，同时又很容易厌倦。他们的大脑需要迅速地在主题之间切换，接受感觉信息的能力比女孩差——也许这可以解释你丈夫为何注意不到你的新发型……直到六个月后。他们的阅读能力比女孩低3倍，书面表达能力也比女孩晚一年成熟。[16]

男性是不同的。我们*喜欢*这种不同。我不需要有个后援组织陪着我才能进入酒店的男宾室。我更愿意自己想去就去。而且我相信，*你*一定更喜欢完整地欣赏一台电视节目，而不是不停地转换频道，只为看看都在演什么。

♥ 最大的秘密

你必须知道你老公身上的一个最大的秘密。因此我特意叫此书的设计者把字体写得大大的，以免你错过。

最大的秘密

他愿意做一个好丈夫，
他愿意取悦你，
但是他不知道如何去做。
他需要你的帮助。

觉得惊讶吗?那是一定的。我说的每个字都是真的。即便你们已经结婚十年了,你的那个他还在学习呢。

你知道吗,他花了 N 年时间成为一名男人,而在此之前,他只是个小男孩。当他第一次察觉到自己喜欢女孩的时候,他发现冲撞她,或者拍她的肩膀能够引起她的注意。至少,所有十岁男孩都是那么干的,因为那是他们唯一了解的交流方式。

男孩打小就是生理动物。如果你没有儿子,还不清楚这是不是真的,只要抽空去运动场看看孩子们玩耍就知道了。仔细瞅瞅,你见到过女孩互相冲撞吗?有女孩从别人的背上跳过去吗?有女孩把球像拍在地板上一样拍在别人身上的吗?不可能。就像没有任何一个地球上的男人没玩过撒尿比赛的游戏一样。问问你老公就知道了。

男孩与女孩,玩耍和行为的方式是不同的。长大后也仍然是截然相反的两种类型,在婚姻中依然如此。下一章节我会更多地谈到男性生物,你丈夫,以及他是如何变成现在这副德行的。不过,暂时说男人很单纯便足矣。他们对生活中简单的事情有反应,对身体接触有反应。他们对那些,该怎么说呢,能够塑造他们的自我形象,让他们感觉重要的词汇有反应。在当今普遍蔑视他们的社会环境中,这一点对于男性尤其重要。如今，如果一名女士，以肯定的方式接近某位男士，他一定会注意到的。

许多男性活得如同一座孤岛，和其他事物毫无关联。每天上班下班，为养家糊口忙碌着。他们生活在自己的世界里，和他人没有感情交流，但是脑子始终不停地转着——比如该交税了。我整天都在考虑这些问题，它们压在我的身上，但是桑蒂不关心。我告诉过她，可是对她影响不大。

因此要是你觉得你丈夫啥都不想，那就错了。实际上，他对屋子外面的未来充满了忧虑。他不会琢磨如何装修卧室，到哪里给女儿买鞋，采购单上需要哪种沙拉。他或许在盘算如何降低自己的家庭消费，以便应付老板为了维持公司运营采取的一项降薪5%的决定。在没有把一切考虑周全之前，他是不愿意告诉你的，因为那是男人的事情，他们的天性就是要解决问题。

再举一个很好的例子，免得你们在我提到女人脑子里只有"家务活"的时候感到生气。近日我问了五位女士——两名全职主妇，一名在家做兼职，另外两名是职业妇女，午餐时她们会想些什么。相信吗？每个人都列出了一长串的事务清单，几乎全和家务有关：取干洗的衣服，到超市购物，去哪里度假，寻找一个有用的地毯清洗机，为萨利买鞋，等等。尽管其中一名职业妇女是公司的首席执行官，另一名是银行副总裁，她们也不会在午餐时分考虑公司事务，而是全在谋划家里要做的事情。

现在，我问你，有男性会在午餐时思考那些事情吗？不会，因为男性的注意力天生特别集中。这就是为什么当你有事打断他们的时候，通常会得到一个"那是什么"的眼神。他们正沉浸在自己的世界里，对周围任何新发生的事物都难以马上接受。

每当我在研讨会中谈论男女之间的区别时，经常会问："有多少男士知道今天的晚饭吃什么？"底下一片茫然的眼神，没有人举手。

我又问女士们同样的问题："有多少女士知道今天的晚饭吃什么？"几乎每个人都把手举起来了。我接着说："想必你们已经把主菜炖在锅里了吧？甚至已经计划好什么颜色的食物配什么样子的盘子，还有每组食品的排列顺序吧。"

在座的都笑了。我的观点很明确：你们一直是高效率的多面手，有时甚至会让男人们吓掉裤子。你们太能干了，让我们不免担心你们是否还需要我们。

女人的话：

直到听您谈及友谊，我才发现我的丈夫是多么需要我。我很惊讶，罗布没有朋友——一个都没有，和自己的兄妹也不亲近。他不和任何人交谈——除了我。就像你指出的那样，这是个重大的责任。谁想过要做自己丈夫的朋友呢？我意识到必须让他明白我是多么需要他，我很重视他。真的。我知道自己常常做错，但是我愿意改变。现在他不仅准时回家，薪水还增加了。他本来只是个中层的销售人员，突然间他的销售成绩大幅提升，人也比以前更自信了。

缇娜，科罗拉多

♥ 你丈夫对你真正所需要的

相比女性而言，男性单纯得多。你丈夫只想从你那里得到三样东西，依次是：

1. 他需要被尊重。
2. 他需要被需要。
3. 他需要被满足。

他需要被尊重

受到尊重是每个人的核心需要，尤其是对现在的男性而言。既然总是被丑化成白痴，他们很自然地溜到一旁，变成一个沙发土豆——我并不是说这样做是好的，这种行为可以原谅，我只是很理解他们。试想一下：你们对每件事都很擅长，比男人强多了。你们可以边给孩子换尿布，边打电话，边亲吻孩子的脸颊，边为老公预约医生——做这么多事还花不了你们两分钟。而这点时间仅仅够他找到医生的电话号码。

当今社会，越来越多的女性成为律师、医生、驾驶员、总裁。毫无疑问，你们具备各种才能，很容易爬到男性的头顶上。

♥♥♥♥♥♥♥♥♥♥♥♥♥♥♥♥♥♥♥♥♥♥♥♥♥♥♥♥♥♥♥♥♥♥♥♥♥

女人的话：

因为我消费过度，家庭陷入了很严重的财务危机。我丈夫或许早应该对此做出决断。听到您的观点：尊重另一半是非常重要的事情之后，我必须承认，我很自私，从没有重视过一直在为我和孩子辛苦付出的他。丝毫不夸张地说，他总是走在我后面，关掉那些我懒得关的灯。我向他道了歉，发誓要改正。虽然我从来没有过过精打细算的生活，但是我决定试一试。我请他帮助我做预算，又买了关于如何理财的光盘。

现在我和丈夫一同在为解决财务问题努力。这很不容易，因为我一点都不擅长，但是我愿意学。由于我的刻苦，他对我的态度有了180度的转变，我可以从他的眼睛里面看出来。

麦吉，田纳西州

问题出在这里，一个被妻子忽视的男人，私下会想：*无论我说什么，做什么，她只会说是我的错，以及如何才能做得更好。既然我怎么做她都不赏识，那我还费什么劲呢？* 因此他只是坐在电视机前面，任老婆出来进去地忙碌，为手头有那么多事要做感到发狂。

那些得到重视的男人，表现得就不一样，他们会惊羡地看着自己老婆变戏法般的动作，赞叹道："亲爱的，你简直太棒了，我不敢相信这些都是你做的。"然后会问："我能帮点什么忙？"

直言不讳地讲，男人的能力真的无法和女人相提并论。我们每天完成的事情如果说能点燃一根蜡烛，你们做的就能燃起一堆篝火。

更令人感叹的是，72%的女性不仅承担了家务活，还在外面工作——甚至在某些方面推动着地球的发展！你们搞定任何事情似乎都很容易,你们的记忆力永远好得不行,记得住所有的纪念日、生日、周年日,还有给学校的回执,每次都能及时回复。我们实在是望尘莫及。

这便是为什么得到尊重是我们男性的第一需要。请记住:我们*愿意*取悦你们(那个试图讨好妈妈的小男孩其实一直没有长大),但是我们知道自己的能力无法和你们相比。不管怎样,那个藏在心中的小男孩渴望得到你们的尊重——你们相信我们有能力值得被需要,我们对你们很重要。

失去了尊重,婚姻的基础便不存在了。如果你不尊重你的丈夫,你最好还是尽早终止这场不会有结果的婚姻。

尊重的另外一层更重要的含义是:你的尊重让他能够以你希望的方式爱你。如果他感到不被尊重,他才不会从壳里爬出来冒险去爱你,唯恐自己受到伤害。

李曼问答

问:我丈夫哪里都不爱去,只喜欢宅在家里或者在周围闲逛。一个月后我们的朋友准备举行一个盛大的户外野餐会,所有熟人都去参加,将是一个很好的交流机会。但是他说不,他不想去。有时候他太固执了,我如何才能让他明白,以夫妻的形式和朋友交往对我很重要?

答:当年约会的时候,你们喜欢做什么?常和朋友们在一起还是两个人单独行动，比如吃晚餐，看电影，到公园散步？你丈夫也许是个内向的人，不喜欢社会活动。如果你是一只社交蝴蝶，喜欢被众人围绕，你们的婚姻会出现问题的。

为什么不直接问他？告诉他对你来说，一起和朋友交往很有必要，你需要在那种场合有他相伴。问他是否可以陪你去野餐会，不过只是一小会儿——也许只是一个半小时，而不是自始至终地待上四个小时。只要他觉得厌烦了，你们马上就走。如果他还是说不行，跟他说："亲爱的，我尊重你的选择，我知道你真的没有兴趣，但是我很想去，你介不介意我去玩一会儿，然后回家和你一起看那个你喜欢的电影？"

如果你丈夫从和你结婚的那天起就对社交活动不感兴趣，给他一个机会。不要强迫他参加令他不舒服，感觉被你抛弃或者可能会发脾气的活动。不过是个野餐会，值得惹那样的麻烦吗？

还有，参加野餐会的人是你的朋友，还是你们共同的朋友？这中间的差别很大。如果你在高校教书，周围是一群知识分子，而他在一个柴油机商店工作，接触的都是蓝领工人，被你的同事和朋友包围会让他感到害怕。

如果你老公曾经是个社交好手，现在不太爱参加活动了，可以温柔地试探他说："亲爱的，我发现最近你不怎么和朋友出去了。也许我弄错了，我只是想知道是否有什么事情让你烦恼，愿意谈谈吗？"

试试看吧。

当然，确实有一些男人一文不值，不值得你尊重。他们性格粗暴、举止粗俗、常常骂骂咧咧的。他们看待女性——包括你——就像门口擦鞋的地垫。他们不尊重你，并且把这种态度在日常生活中体现得淋漓尽致。如果这是你目前的处境，请继续读下去。你不需要容忍这种行为，你不应该容忍这种行为。上帝创造了你，不是让你当一块地垫。你是一个受尊崇的、有价值的生命。下一章对你将很有用，我会告诉你如何纠正这种行为，因为它们必须被制止。

但是一般来说，你丈夫是愿意取悦你的，他们只是不知道该怎么办。即便在许多方面你都很在行，难道你不喜欢让男人帮你一把吗？例如，我曾看到一位丈夫，第一次给他1岁的儿子换尿布。当孩子在门厅蹒跚时，尿布缓缓地从他身上滑下地毯，最后孩子像一只光光的小鸟一样，小跑着，冲到妈妈的怀里。你猜那个妻子是怎么做的？她看着自己的丈夫，挑挑眉毛，把孩子抱起来大笑着说："不要跑这么快，宝贝。爸爸要给你的屁股照相哦。"然后把光着屁股的孩子交到丈夫手里，咬着他的耳朵说："第一次干得不错，待会儿我更想看到*你的*光屁股。好不好？"

真是个聪明的老婆。她做了什么？她对丈夫做出的努力（虽然不太有效），表示尊重，然后承诺给予奖赏。你觉得她丈夫会不会特别乐意帮她干活？当然啦。而且做的时候，他一定是一边咧着嘴笑，一边在心里想：*噢，多棒的女人啊，还嫁给了我。*

你想想，当那个男人发现自己对某个称赞他的同事心有所动的时候，他会怎么做？他只会匆忙道声谢，加紧往家赶，因为他急不可待地要去见*他的*女人。

现在，有些人可能会说了："好的，李曼博士，请停一下。到此为止您说的都是*我*如何做才能在星期五拥有一个新老公。那我丈夫呢？他不要做他该做的吗？"

他当然也要付出努力，关键是：除非你做了你该做的，他才会做他该做的。对男性来说，试图做一件他不知道能否会被接受的事情是很可怕的。那样太冒险了。

你是否希望拥有这样的丈夫：能够耐心地聆听你谈论那些在工作上惹你发疯的白痴？理解你讲的所有事情？是你坚强的后盾？当你向他诉说的时候，大部分时间不需要他来帮你解决，对不对？你很聪明，你能处理，你已经知道该怎么办了，你只是想和丈夫分享自己的想法和感受。你希望得到一个大大的拥抱，听到他说：难为你了，亲爱的。我很理解，我现在能帮你做些什么？

可是，你知道对于男性而言，那样做有多难——多不男人吗？面临难题的时候，男人的第一个念头就是要解决问题，告诉你应该怎么办。"听着，这是你要做的……"然后一一列出三件最急迫的事情。然而尊重却是：要了解对方，知道他们在抱怨什么（或者什么令他们不满），通过向你诉说，他们真正想要得到什么。

细想一下，如同研究表明的那样，你丈夫不像你一样天生感性。我的意思是，他需要你向他说明实际情况。他需要你告诉他："亲爱的，我想和你聊聊今天和 X 发生的一些事，你只要听着就好，不需要帮我解决。"

然后你丈夫将怎么做呢？他会感觉有兴趣，会乐意倾听。你只要告诉他有个问题，和谁的问题——既然和他无关，他就不会觉得抵触，只要听着就好，不需要帮忙解决。于是他会发挥自己的雄性专长，做你让他做的事。

女人的话：

如果早知道这么简单，几年前我就会试着做了。那天我看到我丈夫在给地板吸尘。吸尘！我们结婚22年了，从来没有见过他干这个。要是我出门了，把碗碟留在桌子上，回到家时会发现它们已经洗好，桌子也擦干净了。这都是因为我开始告诉他我是多么需要他。您的计划真的很有效。

菲丽丝，纽约

他需要被需要

想想你有多少个朋友——那些你定期联系的，经常见面的，共进午餐的。

再想想你丈夫有多少个朋友——不是那些和他在休息室喝咖啡的时候打招呼的同事，我指的是很熟悉他的人。

看到了吧？你的朋友很可能需要两只手才数得过来，而他，如果幸运的话，或许会有一个亲密的哥们，比如我的傻蛋。我们是老相识，但是不像女人们，我们不会花时间"分享"心情。我们很少聊天——尽管我们也曾经创过纪录，关于一个严肃的主题连续谈了36分钟，但是那很少见。

大多数时间，你丈夫只有一个朋友。猜猜是谁？你。现在明白重视他是多么重要的一件事了吧，如同我们在上一章讲过的。

你丈夫需要被需要。不是被任何人，而是被你。你在他心中和生活中的重要性超乎你的想象。

当你让你丈夫看到，他在你的生活中是多么重要，他天生的保护能力、助人的能力、解决问题的能力便被激发出来了。那是一个男人最乐意做的事情，他天性如此。这也是为何在某些时候他们会告诉你要做 X，Y，Z，惹得你发疯。因为那是他对待问题的方式，并且借此表明他对你的关心。

打击他解决问题的能力，会让他产生被抛弃的感觉。他会觉得受到批评了，被贬低了，很容易因此消沉下去，从一个帮手变成一个还需要你应付的沉默生气的孩子。（我并不以此为傲，但事实就是事实。我自己也是如此，可以去问桑蒂。）

归根结底，你丈夫没有多少社交往来。他只有你。但是许多时候你的压力很大，每天除了工作，还要兼顾各种各样的事情，再加上一两个甚至三个孩子。那你丈夫会怎么样？他会像一只可怜巴巴的小狗仔，趴在角落里，等着有人来看它，带它出去散步。

这些都说明了一个事实：你那个硬汉并不像他表现的那样坚强。在那些强壮的表象下，掩盖着一颗敏感而容易受伤的心。

向你丈夫表现出对他的需要，简直如同一件行为艺术。但是做起来并不太难，而且是非常值得尝试的。当你晚上见到他时，可以说："亲爱的，真高兴你在家。今天我实在太累了，但是我满脑子都在想晚上就能看见你了。嫁给你真的很开心。"然后顺便说出主题："你换完衣服，能不能帮凯西检查一下作业？这样我好去做晚餐。如果她按时睡觉，我们就可以一起轻松一下了。"

这是个聪明的女人。首先她告诉丈夫很高兴见到他（哪个男人不爱听这种话）。然后再说自己很累，有件事需要他帮忙，最后许诺给予奖赏——单独相处的时光，和她，这个他最关心、感觉最舒服的人。她会得到什么回报？一个快乐的丈夫，一个感到被需要的丈夫，一个乐意回家见她，尽力帮忙的丈夫。

只是短短几句话，对他们却意义重大——就像抚摸小狗的脊背，它们会舒服地哼哼；就像猫薄荷会吸引猫咪发疯，从而注意你的一举一动。这些都有助于你在星期五拥有一个新老公。

你的男人需要你高效、独立（你已经做到了），但是不要太高效、太独立。他需要知道自己在你心里，在家里，在你的臂弯里有一个牢固的位置。

他需要被满足

我已经看到你们有些人因为这句话在翻白眼了。"*哦，终于说到了。*"你们心说，"*您要谈性了。对不对，李曼博士？总之，只有这件事他需要被满足吧。*"

可是，你们错了——也不能说错。性对于一个男人非常重要，但那不是唯一的，当然还有ESPN体育节目网。

我在开玩笑，不过不完全是。试着从这个角度想一下，当初你丈夫选择了你,一定是有原因的。他会想:*我找到了梦中情人。我会永远爱她,我们会疯狂地做爱,结婚这个任务总算是搞定了。*

当你们度完蜜月后回到家,工作涌进来了,亲戚涌进来了,财务问题涌进来了,接着可能还有一个或者两个孩子。你老公疲于应付这一切,再无暇多看你一眼。(即便你有全职工作,甚至比他挣得还多,他也会认为负担家庭的责任在他身上——男人天性如此。)你开始觉得自己越来越像一个保姆,而不是一个可贵的妻子和爱人。你对繁多的责任感到疲惫,许多夜晚难以投入夫妻生活。

但是对于男性而言,性满足非常重要。请注意我说的是"性满足",不单单是"性"。性行为和性满足是有区别的。许多男人和女人,变换不同的对象做爱,只是为了得到持续的性快感。但是我必须坦言相告:美满的性生活只能在婚姻的形式下获得,那些可以白头偕老的婚姻。婚外性行为既不安全,也不能得到情感的满足——尽管会有短暂的生理快感。

这就是这个男人选择你作为他的性伙伴的原因——哪怕婚后你长了几斤肉。只是作为性伙伴还不够,他需要你是一个*主动的*伙伴。他渴望被需要。性满足坚定了一个男人的核心价值——证明了他的男性气概,增强了他要保护你、爱你、关心你、供养你的动力。如果你和爱人很亲密，他便不会另有所求。否则你就是增加了他冒险想寻找另一双手臂的机会。那是他应该做的吗？不是，但是却常常发生，婚外情就是这样开始的。一个小小的欣赏或者一句简单的赞扬便会演变成一场严重的事件，威胁到你们的婚姻。

如果你不愿意和你丈夫做爱，他就可以有婚外情吗？当然不是。我不是这个意思。一个人不会陷入一场婚外情，是他或者她选择有婚外情。如果你的丈夫已经有这种表现——看书的许多人都明白我在说什么，他就是做了一个毁灭性的选择——对你对他皆是如此——我们以后会继续讨论这一点。

我要强调的是，性对你丈夫很重要，即使在你的优先表中，性或许列不进前几位——以后我们还会谈到这点。

所以，请在这个夫妻关系中非常重要的方面花些时间。不要总是等着他主动，冒冒险，去挑逗他。

李曼问答

问：我每年都会为了陪丈夫参加隆重的工作晚宴，费尽心思打扮自己。毕竟，那些人都是他的同事和领导，还有地区经理什么的。每次我都要弄头发，买衣服，做指甲。

然后希望听到他说："你看上去真不错。"但是没有，一次都没有。为此我很生气。

答：你需要直接对你丈夫讲明白。"我刚刚算了一下，这是我参加的你公司举办的第九次颁奖晚宴了。九年来我又是做头发，又是花心思买衣服——在打折的时候——尽量为你把自己打扮得漂亮些，因为我知道那些人对你很重要。但是我想知道，对你来说这究竟算不算很重要？或者今年我可以不这样做了？"

他一定会觉得惊讶，一定会说："不要啊，我当然希望你打扮得很好。"

接着你再说："难道你从没想过我喜欢听你夸我？为了做头发，我要给孩子雇保姆。去商场买衣服时也要带着他们。哦，那真是很有趣。也许你根本没有在意过，打扮得体要花我多少时间和精力。如果你什么也不说，我会觉得自己被忽视了，好像你不注意我或者欣赏我。所以我现在问你，同时也问自己，这样做到底值不值得？如果对你来说没那么重要，我就自己随便捣饬一下，自己梳头发好了。"

这样做会提醒你老公，他需要被敲打一下。男人喜欢许多事物，却不太愿意谈论它们。他需要知道什么对你是重要的。

总而言之，他的雄性激素需要得到刺激。连因为疾病或者功能障碍没有办法过性生活的男人，也喜欢身体不同的部位被抚摸。你的男人想听到的是："我想要你。我需要你。你是我的男人。"在他们的耳朵听来这是非常美妙的音乐。

身为一名治疗师，这些年来我从没有见过一个被妻子尊重的，需要的，满足的男人来找我询问离婚的事情。也许有，但是我没见过。为何？因为这三个要素是你丈夫成为自己想要成为的那种男人的根本基础。你越重视这些要素，你越会在各个方面感到快乐和幸福。

它们非常简单——但并不容易做到。一个聪明的女人知道她丈夫要的其实并不多，只是一点点。如果你满足了他的这三个需要——你重视他，需要他，满足他——你一定会得到渴望已久的新丈夫。

男性最需要的	女性最需要的
1. 需要被尊重	1. 需要爱情
2. 需要被需要	2. 需要坦诚的、敞开的交流
3. 需要被满足	3. 需要对家庭的承诺

❤ **你最渴望的**

我们刚刚谈到你丈夫三种主要的需要：被尊重，被需要，被满足。那女人呢？你最渴望的是什么？

1. 你需要爱情。
2. 你需要坦诚的、敞开的交流。
3. 你需要对家庭的承诺。

和你丈夫的需求很不相同,对吧?你们在情感上的需要是如此不同,这就是为什么许多时候你们会产生摩擦。

你想要依偎在他怀里,听他甜言蜜语;除非你爬起来不再躺着,他不能吻你的脖子,否则他会想继续下去……你渴望听他谈论这一天都做些什么了,也想告诉他你是怎么过的;他会对你的话哼唧着回应两声,同时在心里琢磨如何应付每星期一浣熊打翻垃圾桶的问题。你希望他参加儿子的在校比赛,可是他会迟到,因为必须要完成一个具有升迁机会的工作项目。

明白我说的了吗?为什么不看清楚你们彼此的不同,然后放下你的压力,尽情享受途中的乐趣呢?

鲍勃·卡特思,一个著名体育节目主持人,在电台主持一个杰西潘尼(译者注:总部位于美国的大型零售企业)赞助的固定节目。那个写广告语的家伙真是了解男人:"杰西潘尼让你很容易进去,很容易找到,很容易出来。"听到这句话时我简直笑死了。

再说说我妻子,明天她要去凤凰城购物。谁都知道图森的商店不怎么样，所以她要开车到115英里外去采购。

我是那种直来直去的家伙，会开车上路，在途中享受和人较量的乐趣。我知道自己要干什么，很清楚自己的目的地。

可是桑蒂呢？有一次她和女儿从纽约的巴弗洛开车回家。突然，汉娜看到一个路牌叫起来："妈妈，我们到宾夕法尼亚了。"桑蒂忘了拐弯。但是你知道吗？我那个聪明老婆只是笑，一点儿没有烦躁，并不觉得错过86号公路开到宾夕法尼亚有什么大不了的。我猜那些大大的，红的，蓝的，白的路牌在你与人"分享"的时候确实很难看见。

这是我喜欢桑蒂的原因之一。她相当有趣，也很甜蜜，在许多地方比我有天赋。最重要的是，每天她都会用各种方式表现出她对我的重视和需要，竭力地满足我。

如果你希望在星期五拥有一个新老公，你必须了解你对他的影响力有多大，哪怕他不表现出来，不愿意承认这一点。例如，桑蒂会说："亲爱的，你这身搭配很有趣。"我立刻就明白她的意思了，翻译出来便是："你穿得不对，赶紧换一件。"我担心的是，在我的葬礼上，躺在棺材里面的时候，她也会盯着我说："你不应该穿那个。"

你看，我们是不同的。桑蒂每天早晨起床后都要花时间打扮自己，做头发，等等，因此总是处于最佳状态。我呢？

爬起来，套上一件T恤，抓过一顶棒球帽，还有昨天穿过的袜子。瞧瞧我都不用梳头。为什么？很简单啊，我戴帽子，那谁还要梳头发？

我的生活，作为一个男人，比桑蒂简单得多。不用对付"那些日子"，除非我带她出去吃饭，大部分时候不需要考虑晚餐。在你提出抗议之前，我要说女人永远都是家里的厨师。在此我郑重声明，所有李曼家族的人都知道桑蒂的厨艺比我强多了，而且她喜欢下厨。

女人的话：

结婚十年来，我一直想讨好我的丈夫。但是直到听见您在一次电视节目中的演讲，我才发现自己所谓的"讨好"，不过是在试图寻求一种回报。当我不再对他抱有期待之后，生活出现了很有意思的变化。我开始喜欢取悦他，给他惊喜。接着家里发生的事情令我惊讶。过去三个月来，他讨好我的次数比过去十年还要多！我们重新找回了婚姻的乐趣。

辛迪，得克萨斯

我也有一个助手——一位颇有能力的长女，桑蒂，总是能督促我这个家里的宝贝按时完成所有的预约、演说、电台和电视秀。不知何故，她能够不靠助手一个人干完所有的工作，对此我常常感到吃惊。

既然男性和女性之间存在着如此众多的区别，我们是否能够不仅共存更可以互补呢？完全没问题。桑蒂和我就是一个活生生的例子，尽管和你们一样，我俩在许多方面都很不相同。

有些家伙，如果给他们一个再婚的机会，通常会说："我要娶一个不同的人。"但是我不会，我将一直选择桑蒂。你瞧，我们已经学会把对方放在首位，结成了一个巩固的同盟，每天都充满了欢乐，根本不可能考虑离婚。我们有时也会惹急对方吗？当然，我们都是人。但是我们的笑声更多吗？那是一定的。

如果你问："李曼博士，您的意思是我要把我丈夫放在第一位？"是的，我是这样讲的。但是我还说他同时也必须把你放在第一位。这就是婚姻的意义。婚姻不是两个人各走各的路，婚姻意味着双方结成同盟，为共同的目标奋斗。

大部分男人在如何取悦女人的问题上冥顽不化，但是他们真的愿意尝试。为什么不给你的男人一个机会，让他感到被重视，被需要，被满足，然后瞧瞧他会有什么变化？

星期一的事情

1. 把对你男人的期望抛到窗户外。
2. 评估：你们哪里相像，哪里不同。
3. 回想一下，你第一眼被他吸引的是什么，把那些品质列一个清单。

星 期 二

另一个星球的生物……
还是习惯的产物

星 期 二

另一个星球的生物……
　　　还是习惯的产物

若想了解男人，就要追踪他们的巢穴。

我和傻蛋七、八岁的时候，策划了一个方案。嗯，这是另一个方案，因为我们时刻准备着干点什么。我们计划抓住一只野兔。于是找了一个盒子，按照特定的角度用棍子支在野地上，在下面放了一把莴苣和胡萝卜。我们期待着，某只傻家伙碰巧路过那里，看见胡萝卜，走过去，撞掉棍子，盒子魔术般地倒下去把它压住，哇噢！我们抓住了一只兔子！

一对儿活宝！

但是女人偶尔也会犯同样的错误，以为能把自己的老公改造得更好。不断要求男人改变就如同梦想凭空抓到一

只兔子,却不去研究它的生活习性,喜欢在哪里落脚,行为习惯是怎样的。

花点时间好好研究一下你丈夫是怎样一种生物,一种完全和你不是一类的生物。

嗯,他是个生物不假,还是个外星生物。或许你会这样说。真的吗?那恭喜了!你已经迈上了第二层台阶,还将取得更大的进步,因为你已然了解你的男人是个多么与你迥异的生物,无论是生理上、心理上,还是情感上。

生理上的差别很明显。不需要动脑部手术去看,瞧一眼夫妇的身体部位便分得出来。他有睾丸,你没有;你有雌性激素,他没有。如果你不反对,他可能会日复一日,月复一月地穿同一件衬衫。7年前的牛仔裤,就是那件屁股兜被大钱包撑得鼓鼓的,他最喜欢的,还留着呢。他不觉得这些算什么事——但是你很讨厌。再比比你们各自的衣柜里面有多少双鞋子吧。他的生活一成不变,在同一家餐馆,订同样的饭菜(他很少对某件事感到厌烦)。他连菜单都不需要看,但是你喜欢,你愿意研究一番看看有没有新鲜的菜肴可以一试。他每天早晨用同样的方式读报,而你只瞧那些吸引眼球的标题。

心理学家卡文·舍尔曼如此总结男女之间的区别以及

他们在相处中的表现：

> 女性和男性处理信息的过程很不相同……女性的大脑对更加精细的非语言的暗示有反应，她们一天中使用的交流方式（语言或者非语言的）大约有 20000 种，相比之下，男性只有 7000 种。男性的大脑稍微重一些，不过女性的大脑神经更多。男性只使用一个半球处理信息，而女性两个都用。

这些意味着什么呢？如果你，一个女人，试图给你的男人一些暗示，叫他做某些事情，他可能听不懂，因为他天生——猜猜是什么——一个男人！直接下命令，他们会立刻变得斗志昂扬——*如果*你让他感到被尊重，被需要，被满足了。

对男女双方来说，部分两性关系的问题简单而言即是：男人以为自己了解女人，女人以为自己了解男人。但是我想告诉你一个秘密：你对男性的无知程度恰恰等同于你认为自己对他的了解程度。

要是你不信我的话，现在就拿出一张纸，把你认为对你丈夫重要的事情写下来，然后向他求证。如果你平时观察入微，或许会有几项是对的。更大的可能是你被吓了一跳，怎么会是这样？毕竟，你不是一个男人！

如何才能更好地了解自己的丈夫？还记得在生物课上

学到的，如何鉴别、观测生物的做法吗？把你的丈夫当做研究对象，观察他的成长环境，非常有助于你增加对他这样一个男性生物的认知。想象去展开一段个人的时光旅行，瞅瞅你丈夫的出生地，他小时候的模样，了解现在的他是从何而来的。

♥ 曾经的小男孩

你丈夫儿时的经历对他现在的成人行为具有深远的影响。他母亲对待他的方式，他的小伙伴是否接纳他，他人对他的态度——所有这些塑造了现在你嫁的这个男人。

在青春期之前，那些东西强化了他。在8岁到15岁之间做一个男人，实在是地球上最难的一项任务。人们不再觉得一个8岁的男孩聪明可爱，如果你的老公稍微像我，他或许会看上去比较可笑，甚至有点吓人。

你留意过身体各部分的生长速度不太一样吗？比如，耳朵发育比头部早，头部发育比躯干早。想想看，这是一个多么滑稽的形象呀，更不要提一颗恰到好处的青春痘对青少年自尊心的重大危害了。

这个年龄的男孩，不能再被说成"小可爱"，可是又不到能够获得重视的年纪。他没有可供炫耀的二头肌，大些的孩子不愿意和他一起玩。他只有一点一点，痛苦地从一个男孩向一个男人过渡，内心不断地挣扎，就好像把保时捷的发动机安在了风火轮（译者注：一种玩具汽车）上。

于是，有一天，大概在七、八年级的时候，你丈夫早晨醒来，发现自己长阴毛或是胸毛了，但是仍然不足以让他在学校的公共浴池里找回脸面。在那种地方，很多毛发浓密、发育完全的"野蛮人"正在不停窃笑着那些发育迟缓的小弟弟们。

我初中的时候上游泳课，男孩们都是裸泳的。我们常常一丝不挂地跑出更衣室，坐在泳池边上直到老师点名完毕。其中有一个男孩，艾伦，浑身长满了毛，活像一只好久没有理发的黑猩猩。他的各个部位都很巨大——俨然一个成熟*男人*。猜猜谁坐在他旁边？小凯文·李曼。白白的胸膛上挂着一根小毛毛——我一直试图把这根意大利面条用钢笔染黑一点好让大家都看得见。每次我低头瞅自己的胸口时……我看到一个可怜的小孩。现在明白为什么男孩更早懂得游戏的名字叫"竞争"了吧？

有趣的是，最近几年，高中男更衣室的淋浴间改成了开放式的，女更衣室则还是分成单间。你丈夫再也无处可藏，无法庇护自己了，如果他跟不上同龄人的成长速度，便会遭到蔑视，那很痛苦。我认识一个46岁的男人，至今仍对初中之时，被同伴用自己的内衣吊在学校外面旗杆上的惨状念念不忘。

我们往往不仅是发育迟缓，而且经常表现得也很愚蠢。我年轻的时候，有一次在母亲的朋友家吃意大利面条。当时我正把配黄油的酱汁往下传。

"凯文，"我母亲的朋友说，"你应该多吃点这个，有助于你长胸毛。"

这种话我真是听够了。我狠狠地倒了一大堆酱汁在面条上，足够招来一只大老鼠了。

晚上睡觉前，我把睡衣撩起来，此时母亲走了进来。

"凯文，你在干吗？"

"我在找胸毛。"

母亲大笑起来，我顿时感到十分丢脸。

青少年期是男性的一段艰难岁月。如果你的老公是典型的男孩，在那个时候他既得不到关爱也得不到重视。在公众场合无法再被大人抱着，也不能被稍长几岁孩子尊重。

我现在结识的许多男性，仍然在为他们小时候的"不良表现"感到羞愧和内疚。在他们成长的那个年代，学习障碍还没有受到普遍重视。他们总是感觉自己很愚笨,于是经常沉默寡言,因为安静地落在后面总比大叫大嚷遭人家嘲笑好过一点。

❤ 为什么我的丈夫表现得像个……男人?

有一次,一位女士向我抱怨她的丈夫。作为一名治疗师,那是我经历过的最可笑的时刻之一。"我真是搞不懂他。"她描绘了许多典型的男性特征,"为何我的丈夫行为举止这么这么像……""一个男人?"我提醒道。

"对!"

如果你像这位女士一样,没有兄弟一起长大,你一定也会觉得自己的老公有时很另类。在此我要为他们澄清一下。男孩很单纯,富于竞争,经常做傻事,玩得很野。等他们长大了,他们还是富于竞争,做傻事,很野。

富于竞争

当女孩们坐在地板上围成一圈,讨论什么流行之类话题的时候,男孩们正在为谁赢了比赛争吵。男孩天性喜欢竞争。他们总是想赢。不管是玩独裁游戏,打篮球,还是

比赛谁杀死的蚂蚁多,都要争第一。长大拿到驾照后,他们会很自然地开始在上班途中数街上的汽车。上班后和同事攀比工资、办公室规模。男性之间从来没有停止过竞争。

为什么你丈夫在迷路的时候不愿意停车问一声呢?(而且你还在车里。)

A. 他觉得不好意思。
B. 他喜欢解决问题。
C. 寻求帮助不像个男人的做法。
D. 他不希望再落在刚才好不容易超越过去的汽车后面。

以上情形可能都适用于你的丈夫,不过最佳答案是……D!不管是男孩还是男人,游戏的名称叫做"竞争"。

年轻的教练员很早就认识到这种天生的竞争意识。例如训练一支球队,如果你想尽早达到目标,就要把训练搞得更富有竞争性——把他们分成两部分进行对抗。男孩们会把吃奶的劲都使出来。

太平洋西北地区的一个城市认为竞争意识会给男孩带来"很坏的影响",因此决定不再在篮球比赛中采取记分制度。他们只要求男孩们全力去打球,当孩子们问到谁赢了的时候,就回答:"输赢不重要,只要努力就好。"

这种试验根本没有效果，因为孩子们自己会计分的。他们关心输赢——为什么不呢？人生最重要的一课就是学会跌倒，爬起来，继续前进。这些男孩长大后会面临工作的挑战，只有十分之一甚至千分之一的人能够出人头地。他们需要学会竞争，竭尽全力，直面胜利的喜悦或者失败的痛苦。

网游的流行原因之一便是竞争意识。男孩的竞争天性哪怕在兄弟之间也一样，会为无穷无尽的争端战斗到最后一滴血——谁能够夺得最后一块饼，谁能够在篮球比赛中打到最后。你的丈夫生长在这样的社会里面，永远要为赢得自己的那一份斗争。

我听到过一个很可笑的，典型的男性小故事。哥俩正在为谁第一个吃饼争吵。妈妈觉得这是一个教育孩子的大好时机，便对他们说道："如果耶稣坐在这里，他会说'我愿意等着，让我的兄弟先吃。'"于是哥哥马上转身对弟弟说："好，现在你当耶稣。"

做傻事

我儿时做过的傻事自己数都数不过来。甚至，我通过犯傻——比如吃狗饼干——求得关注。我妻子说我现在还那样。我想她是对的。每次我和傻蛋在一起的时候，她都

能找出我们一堆男孩般的愚蠢行为。

纽约威廉斯维尔中学每年邀请一些在某个领域取得成绩的人士加入学校的荣誉墙，有一年我也获得了此项殊荣。

先说一点，每个人都在生活中创造过奇迹。我自己就是一个活生生的例子。我以倒数第四名的成绩从高中毕业，和一个口吃的女孩在同一个阅读小组，学校顾问在第二年4月，义正词严地对我说："李曼，按照你的成绩和记录，连少年感化院都进不去！"可是瞧瞧，这么多年过去了，我拿到了博士学位。更令人惊叹的是，我在做清洁工的时候认识了我妻子。

回想起六年前的那一天，一些教过我的老师还健在。我打赌他们一定更希望看见我在那里拿根绳子把自己吊死。（或者这样说吧，我那种卖弄的样子挺不受欢迎的。）颇值得一提的是，我把90岁高龄的母亲——我忠实的拥趸，始终相信我会有所成就，哪怕我是个混球——接到了学校。终于有那么几分钟，她可以在这所学校里，真正为儿子感到骄傲了。尽管经过了那么多年，她还是等到了这一天。

典礼进行得十分顺利，所有的高中生都表现得很像高中生。（相信我，我见过许多高中学校的学生行为粗鲁无礼，而这里的学生确实不错。）当轮到给我颁奖的时候，我站起身，穿过舞台，准备接受祝贺。

下面有人喊了出来："嗨，怪袜子！"

你知道，我总是喜欢穿怪模怪样的袜子。在电视上，很容易从袜子上认出我来。我有时候穿粉白条纹的，有时候穿红白格子的，甚至有时候袜子上面印着M&M的字样。这是我的小爱好。

那句喊声让学校的校长十分尴尬，立刻对下面的学生发出了最严厉的警告，提醒他们不要忘了自己作为威廉斯维尔南部中学学生的身份，而学校一直为此感到自豪。

但是我了解一些校长不了解的事情。猜猜刚才是谁在喊"嗨，怪袜子"？他也*曾经*是这里的一名高中生——比我毕业早几年。对，就是他：傻蛋，我五十九年的老伙计，正坐在观众席里面，旁边是他的妻子，我的妻子和我的女儿。

女人的话：

我丈夫是一个橄榄球迷，为此我已经忍受很久了。我们城市的球队踢得真不怎么样，总是在NFL（美国职业橄榄球大联盟）中垫底，他却还能几个小时地看他们比赛，我实在搞不懂为什么。

后来我听了您的演讲，说到什么对男人是重要的，于是我开始从一个新的角度思考这件事。我把日常节省下来的钱为他支付了橄榄球频道的费用——可以观看所有的 NFL 比赛。哇，他很高兴能够看到他最喜欢的家乡球队的每场比赛。当我决定那样做，并且不再因为看球抱怨他以后，猜猜他都干了什么？他竟然在看球的时候为我叠衣服！这真是我没有想到的。

塔米，弗吉尼亚

典礼过后，大家一起出去吃东西。我和傻蛋为刚才那声"怪袜子"的喊叫大笑着，互相数落着，而我们的妻子则在一旁直摇头。

瞧瞧，我的一个口头禅就是：你小时候什么样儿，长大了还是什么样儿。我不确定一个男人拥有医疗保险之后，能否算真的长大了。实际上，研究表明，女性倾向于爱上男性具备的幽默感（我的桑蒂就是这样！）——对于男性而言一个真正有用的吸引女性的特征。

即便是所谓成熟的男性，在聚会中也常常会像 4 岁的孩子般嬉笑打闹的。

我更不例外，虽然刚刚获得了一个杰出校友奖。傻蛋和我——都是五十多岁的人了——在自助餐厅的等待线上练起摔跤来。傻蛋把我的头夹在了他的腋下。幸好我们后面的人没有手机，否则他们肯定会报警了。我们俩开心地打闹着，就像小河里两只玩耍的水獭，当然，是两只重达240磅的大水獭。

我可以告诉你，我们的老婆在想什么：*哦，他们又这样了！*

有些妻子会说："你们为什么总是长不大呀？"但是我们的老婆更聪明，才不会阻止我们。她们明白，在我们的心里，一直是个单纯的男孩，我们喜欢玩耍，那是我们个性的一部分。

在餐桌上，她们也允许我们继续相互无礼下去，就像男人都喜欢的那样。

"嗨，胖子，你想吃什么？"

"嗯，最大的那种，鸡肉干酪。"

我可以感觉到，不安和惊讶的目光从两旁的桌子间射向我俩：*这人是怎么啦？*

现在，我问你，你是否真的希望你丈夫的行为符合他的年龄？如果回答是肯定的，下面将是你会听到的："我的膝盖好疼呀。我的背好痛啊。我的右脚有点……哦不，也许是左脚。"与此相比，你不愿意我们为你提供一点娱乐吗，哪怕像个傻小子？

行为粗鲁

我曾经称我的哥哥为"上帝"。那是我给他起的外号，因为他总是令人感觉——他只需对自己负责。每当他穿过屋门，我都会喊："上帝回家了。"

他经常莫名其妙地揍我，但我并不认为他是个疯子。男性习惯用拳头发泄自己的紧张。这意味着你的丈夫也许是两个类型中的一种：经常被揍，或者经常揍别人。

手中的雪茄令我回忆起自己粗野混乱的男孩时代。雪茄是我从吉米嘴里抢来的。吉米，邻居家的男孩，常常恶毒地说："你妈妈不爱你。否则她就会在你出去玩的时候帮你换下校服。"没过一分钟，吉米就发现自己错了：我妈妈很爱我，而他妈妈，也很爱他，爱的方式是把他的鼻子和嘴巴打出血。

你需要了解你丈夫成长的世界，男孩之间的交往是极其粗暴的。曾经有一次，我和同学把一个男孩的短裤脱了下来，将他的肚子打得泛红（我们称之为"樱桃肚皮"）。然后驱使他穿过一片痒杂草——别忘了他什么也没穿，又强迫他爬上一棵树——浑身光溜溜的。或许这对没有与男孩相处经验的你来说实在不可思议，可是男孩就会这样干。

丈夫们偶尔也会同他人争执，不过大都只是口头上的。如同学校里会把对方鼻子打出血，十分钟后便又和好如初的男生们，我们男人经常热烈地争论某个问题，达成协议，握手之后去打一场高尔夫——不觉得这个过程有什么不正常的。

如果你想同老公来一场倾心的交谈，问他少年时期干的恶作剧好了。仔细聆听他讲的，他经常挨打，还是常常打别人？作为一个男人，那些行为对他现在在家里和在工作场合的行为，有什么影响？

❤ 婆婆对老公的影响

如果要了解你的丈夫，请先看看他的母亲。他母亲喜欢男孩吗？

为你着想，我希望他的母亲能够强化他的男性气质。我希望他的母亲告诉他，她是多么欣赏他的父亲，鼓励他像父亲一样具有男子气概。现今社会，相对于女性，一些母亲更关心如何加强男性的敏感度，而不是强化他的男性品质。这种策略很不明智，不仅不能增加他们的承受能力和敏感度，反而容易造成混乱——迷茫的男孩子更倾向于做出糟糕的，可能引发伤害的选择。

让男孩做"女孩般"的事情不好吗？当然不是。如果一个男孩有姐姐，那是很正常的。他也会有时玩玩娃娃。在我儿时的记忆里面，我就曾经和姐姐萨莉一块儿玩纸娃娃。她比我大，因此和她在一起，都是玩她喜欢的东西。她从来没有想过要问我："凯文，*你*要玩什么？"既然她年长，如果我想和她玩就必须听她的，也就是说，一起玩娃娃。

如果你丈夫成长的环境周围是一群姐妹，他会很适应和女孩打交道。但是，善于同女孩*相处*与行为举止*类似*女孩，是完全不同的两个概念。

性别定位清楚，对男性成长为成熟的成年人很有益处。我从来没有见过一个思维混乱的孩子能够对生活做出正确的选择。他最好在结婚前把这件事搞定，否则他和他妻子都有的受了。我无法记清楚到底有多少对咨询过我的夫妻中，在婚姻的掩盖下，丈夫其实是一名同性恋，难怪他们的婚姻无法弥合，没有激情。

尽管你可能认为父亲应该对你丈夫的性格负责，但是，他的*母亲*，对他影响更大——直接影响到他对你的态度。

过度保护型妈妈

你可以控制一个 3 岁的孩子，但是很难控制 12 岁的。你能够引导他，但是完全控制那个年纪的孩子的机会几乎不存在了。

你的丈夫很可能比自己的母亲更早地认识到这一点。他开始撒点小谎，侥幸地没有被发现。他开始偷偷地溜出屋子，如果很小心的话，或许还能藏起一两根香烟。

就在这个接近成年的时期，你丈夫对女性的态度，不是变得很成熟完善，便是被不尊重给冰封起来。尤其因为男孩富于竞争性，母亲对孩子的保护过度简直就是一场灾难。令人窒息的她会阻止他做任何可能让他受伤的事情，不许运动，不许爬树，不许野营——所有男孩喜爱的活动都不行。试想一下，当他终于从母亲的束缚下摆脱出来，会做什么？他将带着一种"给你瞧瞧"的态度，到世界面前去证明自己。这种"坏男孩"在约会的时候可能显得有魅力——冒险、刺激、危险。可是等你嫁了之后再看吧，哼哼。

不幸的是，如果他的母亲意志薄弱——总是为他擦屁股，总是为他撒谎掩盖，他也会同样希望你，他的妻子，如此行事。在母亲的羽翼下，他无法发泄给母亲的，便会发泄给你。

当一个男孩很早意识到能够控制和利用自己的母亲，他同样认为可以操控你。如果你乐意，你将自然被他所控，而不是坚决地说不。

李曼问答

问：我生孩子之前是名会计师。因为我们不希望别人抚养我们的孩子，所以我决定辞职在家陪伴他们。但是最近我丈夫开口闭口"他的钱"，而不是"我们的钱"。我是一个细心的人，甚至会收集优惠券，这样一个月可以省几百块家用。可是他对我的每笔消费都过问得很详细，还要求我记下在超市花的每一个便士。我讨厌死了。怎样才能制止他这种行为呢？

詹妮思，新墨西哥

答：我会这样做：在很长一段时间内我不再去超市购物。你不是一个保姆，他也不是你钱包的主人。当他质疑晚餐为何只有莴苣和小面包时，直截了当地对他说："因为厨房里面就剩这些东西了。"告诉他你很不喜欢从他那里要钱——谢天谢地，你从前是名会计师，我想你了解金钱的价值。再对他说："你就像一个庄园主。我不喜欢当保姆的感觉，不愿意再这样下去了。我决定把采购的任务交给你。"递给他装满优惠券的信封，然后优雅地离开房间。我打赌听到你的话后，他的下巴会掉到地板上。

如果他试图说服你去购物，坚决拒绝。既然他抱怨把钱交给你，那他就应该自己做着试试，看看你到底是个多么好的采购员。当然，你们的饭菜会将就一段时间，但是我用那台珍贵的点唱机打赌，几个星期后，你丈夫便会把优惠券还给你，附带一沓钞票——或许比之前给你的还要多，而且不再有什么抱怨了。走着瞧！

完美型妈妈

你丈夫的母亲是否不允许他失败,总是要求他做到完美?她是否会命令他收拾床铺,检查一番后重新拾掇,以便看上去更整洁?她是否整天对他命东命西,事事指导?

如果这样,你的丈夫会表现得行为消极,面对你的批评暴跳如雷。也许你觉得,告诉丈夫他挂的镜子有点歪不过是件小事情,但是他的脑海里会怎么想呢?*你又搞砸了,你是个失败者,你什么事都做不好!* 虽然你根本没有这些意思。那些话是他从小听到大的,在男性的脑袋里面,成功只有一个标准——完成或者失败。

你该怎么办?什么也不说?那也没什么帮助,对吧?

有一个比较好的方式,可以缓解这种紧张局势。当面夸奖你老公,让他知道你很欣赏那些他母亲没有注意到的优点,尽管缺点也在所难免,你还是很满意自己的选择。

这些话语会令生活在一夜之间或者周末之前改变吗?也许没那么快,记住你现在对抗的是他母亲18年的否定训练,要有点耐心。

回到那个挂歪的镜子,你该这么说:"亲爱的,那样子真不错。你挂的正是地方,你真能干。不过我觉得好像有点歪,你看看,真的吗,还只是我的错觉?"

相信我,那个男人会仔细观察镜子,然后用他逻辑正确、分析周密的大脑按你的需要去调整它——不会联想到他母亲植入他心里的情绪。

望子成龙型妈妈

你有没有注意到你丈夫的生活充满了急迫感？为什么他总是不停地工作，不停地行动，就连娱乐的时候也像工作中一样紧紧张张的？

这或许和他的成长环境有关。他母亲是否始终在督促他做事、做事、做事？是否把他所有课余时间和周末都安排得满满当当的——特别是那些他必须做的事情？是否对他做的任何事都抱有极大的期望，无论是在家里还是学校里？他有没有休息的余地，可以选择他想做的事情？他的家人是否团结得很紧密，还是在晚餐时间和度假的时候各行其是？

如果你丈夫的母亲具有强迫症，那么实际上他和家庭的连接并不牢靠。由于在成长的过程中没有真正的和家人亲近过，他不善于和人相处。既然你丈夫已经养成了强迫自己的习惯，你这辈子都要为改变他努力了。你可以先一步步帮他放松下来。这个可不能在周五搞定，不过你能够通过调整自己的做法开启这番破冰之旅。还有，告诉他他对你是多么重要，对家庭是多么重要，当他不在场的时候，你是多么想念他。筹划家庭度假旅行，一个星期制造一晚浪漫的双人之夜，或者从组织"纯家庭"晚餐开始，烹调一些特别的东西。

你丈夫需要你帮助他从长期习惯的束缚中解脱出来，否则他会累死的。所以请缓慢地，温柔地帮他刹车吧。让他知道你尊敬他，需要他，愿意满足他，这将非常有助于把他留在家里。

严教型妈妈

这种母亲知道什么是正确的做法。当孩子调皮的时候，她不会说："等你爸回家再收拾你。"反之，她会说："我们现在就要谈谈。我无法忍受这个。你最好明白点，我不会让你那样干的。"

孩子们有时会觉得她太严格了，不过她很公平，说到做到，承诺必兑。如果安迪没有倒垃圾，她就不让他晚上出去和朋友玩，于是安迪就要给朋友打电话解释为什么不能去。

严教型妈妈不会为孩子做他们自己能够做的事。她希望培养孩子的独立能力，坚持孩子要做好自己分内的工作，填满他的家务活清单。尽管如此，她仍然不失为一个温柔的、充满爱心的妈妈。

如果你嫁给了这种类型母亲教导出的男人，你更容易获得一个优秀的殷勤体贴的丈夫。他清楚自己的处境，明白你不是一个软心肠的人，会像敬重自己的母亲一样敬重你。

你无法与一个母亲的养育媲美，但是多少能够施加一些影响。如果你嫁了一个问题男人，你有事干了。如果不是，恭喜你——同时别忘了谢谢你的婆婆！

❤ 他渴望的是什么

每个男人必需的 ABC：
接纳（Acceptance）
归属（Belonging）
陪伴（Companionship）

今天，那个长大的男孩，渴望从你这里得到的，和他从小想从妈妈那里得到的——也许实现了，也许没有——完全一样：接纳、归属、陪伴。

他渴望得到你无条件的接纳，即使在经济危机中丢掉工作，你也不会看扁他。他仍然是你的男人，你的爱人，

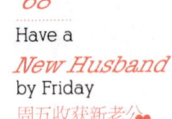

你的保障，你始终愿意选择的结婚对象。

他渴望自己归属于你。坦白地说，你丈夫几乎不属于任何地方。是的，他出去工作，但是不属于那里；他去健身房，或者每周四和朋友打篮球，但是他不属于他们。他只有自己和你。当然，那些拥有一个老伙计的男人实在是幸运。

现在，你接管了你的丈夫，还有工作，一个忙碌的生活，再夹杂几个孩子。请告诉我，在这种情况下，你丈夫的位置在哪里？你男人明白他属于这个家吗？知不知道家庭需要他？作为一名丈夫和父亲，他非常重要，你不能想象没有他的日子？

他需要你的陪伴。你，只有你，排在他"愿意相处"名单的第一位。也许你觉得他那些伙计排在顶端，或者同事什么的比你的位置靠前，但这不是真的。事实是，如果你表现出很忙，没工夫顾及他，他才会去找别的事情做。而且，在他的内心深处，有一个小男孩在哭泣：*我呢？我在你心里占据什么位置？我重要吗？*

作为妻子，如何回应他心底的渴望，关乎在星期五你将拥有一个怎样的老公。

♥ 墨守成规是他的代号

我们男人是非常墨守成规的生物。这点有利有弊。好处是，我们能够提供良好的、持久的保障，不会四处闲逛——你们确定知道我们在哪。坏处是，我们很沉闷，不愿意冒险或者进行些许改变。

这里有一个关于纽约建筑工人的笑话。一连四个中午，他的同事看着他做同样的事：打开饭盒，瞥一眼，说一句："火腿和黄油——又是"。然后生气地把饭盒扣上。第五天，还是如此。他打开饭盒，瞥了一眼，厌恶地说："又是火腿和黄油，我要吐了。"

旁边的同事把身体侧过来，说："嗨，虽然这不关我的事，我还是想问一声，你不能叫你老婆做点别的吗？"那家伙惊讶地反驳道："什么？这可是我自己做的三明治！"

你丈夫有点像一只山猫，永远只走一条路线，一遍又一遍。他有自己的一定之规，并且遵守得很好。

如果有人问："嗨，凯文，我们要去红虾餐厅，你想吃点什么？"我会毫不犹豫地回答："椰子虾。"我一直点同样的食物——确实有些新新男人喜欢尝试不同的东西，我碰巧不属于那类人，甚至不需要瞧菜单。我真的很刻板。

　　桑蒂就不同了，总是看着旁边桌子上的菜问："那个男人吃的什么？看上去不错，我们也试试吧。"

　　男人生病的时候，同样如此。抱怨不休，好像死亡已经来到门前——其实只是一场小小的感冒。我们不过是偶尔想撒个娇。

　　女人呢？你们能够带着嘶哑的喉咙，伤风感冒，39℃的高烧，照样送孩子上学，出门工作，一颗达奎尔就万事大吉了，对不对？

　　由于你的男人是如此的顽固不化，了解他并非难事。他常抱怨："在这里我得不到重视……没有人愿意听我说。"你听懂这些话的含义了吗？"嗨，没有人理我吗？我什么都不是吗？"

　　因此你实在太能干了，每件事都做得很完美，如果他不能帮上点忙，很可能是他觉得你不需要他，用不着他。每个丈夫都希望得到信任。

　　遇到过这种情况没有？某些人站在你背后，眼神从肩膀上越过来，想瞅瞅你在读什么，报纸、杂志或者书。那样令你不快吗？许多人会对此感到讨厌的，你丈夫也是。如果他愿意帮忙，刚想做点什么，而你却总是越过他的肩膀，盯着他说："这样不对，要那样做……如果你刚做了X，会更有用。"

没有一个自信的男人愿意被他人教训，好像你是他的妈妈一样。你是他的妻子，他的伴侣，不是他的指挥官。如果你总是在他身边转来转去，他将扔下手里的活计，说："干脆你自己做吧。"然后扬长而去，因为他不喜欢被监管。（想想，你愿意吗？）

男人会把事情做好，只是也许不是按照你的方式罢了。那真的有错吗，或者只是简单的不同？

当我们的大女儿，赫莉，还很小的时候，一个星期六的早晨，我叫桑蒂出门找女友玩。"亲爱的，什么也不用担心。"我真心诚意地说，于是桑蒂出去放假了。

没过几分钟，赫莉便把裤子搞得一团糟。那时没有尿不湿，尿布还是棉布做的。知道我怎么办的吗？一个我很得意的做法：我把她抱到后院，用水龙头给她冲洗得干干净净。

几天过去了，侥幸没什么事……直到赫莉告诉她妈妈，她在后院特别的洗澡经历。但是不管怎样，我把她洗干净了，不是吗？

你男人也会完成工作的，不过是用男人的方式。如果你盯着他，不停告诉他该如何做，他会怎么想呢：*你不相信我能干好，是不是？我有那么笨吗？* 于是你的帮手不见了，他可不愿意冒险招惹你的批评。

你丈夫很单纯，但不要理解为头脑简单（尽管你也时常有这样的疑惑）。所谓单纯，意思是男人的思维是直线型的，非常循规蹈矩。他知道什么时候被*占有*了，什么时候被骗了，什么时候被利用了。相信我。

如果男人感觉不被信任和重视，许多人会因此消沉，变得沉默，开始胡思乱想。比如：*你不是真的爱我。如果你真心爱我，不会总是纠正我。你不会在你的女友面前让我觉得丢脸。*一些男人还会变得暴躁和愚蠢，这和他们的家庭背景有很大关系。

丈夫的"死罪"

- 用好毛巾擦车
- 穿着泥泞的鞋子踩过你刚刚清洁的地板
- 制造混乱
- 制造混乱，还不收拾
- 随便丢弃报纸
- 不打招呼便带朋友回家吃饭
- 夸他的岳母穿泳装的身材火辣
- 抱怨你的体重
- 告诉你"我喜欢你的发型"——在你剪发9个星期之后

❤ 给他一点信任

还记得吗，我曾经说过男孩的大脑比女孩的感觉意识要差？男人也是如此。曾经有一个40岁左右的职业女性——暂且叫她苏伊吧——来咨询我。她丈夫对待垃圾的态度令她恼火万分，对于来自一个酷爱整洁的家庭的她，简直要为此疯掉了。

某天早晨她发现浴室（也就6英尺见方）的角落里，丢着一只卫生纸的卷筒。她决定进行一个试验，于是把卷筒做了记号，放回原来的位置，想看看自己的老公，克拉格，什么时候会捡起来。毕竟，在后面给他擦屁股不是她的工作。他不再是个孩子了——难道他还是？

随后的一个星期，苏伊每天早晨都会检查浴室的地板，发现卷筒还在那里躺着。一个月过去了，两个月过去了，三个月过去了，四个月过去了——整整一个季度！卷筒从10月底躺在那里，而现在已经是2月末了。

最后她实在忍无可忍。克拉格下班回到家后，她把他拉到浴室，说："我做了一个小试验，你知道是什么内容吗？"

克拉格四下看了看，"你刷墙啦？"

"没有。"

"地板没有动,对吗?"

"是的。"

"对不起,我……"

她急了,怒气冲冲地说:"那个卷筒!卫生纸的卷筒!难道你瞎了吗?看看,我做了记号的——10月30号。它已经在那里待四个月了!"

"对不起,我真的,没有看见。"克拉格耸耸肩,说。

当我向他求证这件事的时候,他回答确实没有看见。每逢走进浴室,他只会关注一件事,只有一件事。他的眼光不会超过那个范围。但是如果苏伊告诉他:"亲爱的,记着换卫生纸的时候不要把卷筒丢在地上,那样我会很感激的。"捡起卷筒会随即进入他视线的雷达范围,从而减轻四个月来给苏伊造成的心理压力。

温迪,一个在家工作的兼职主妇,也做了一个小试验。令她生气的是,她丈夫艾伦,似乎认为她是唯一负责买牙膏的人。她一度瞧着自己丈夫拿着几乎空了的牙膏盒挤呀挤呀,幻想着什么时候他脑子里哪根弦搭对了,会自己开车去买。

很不幸那种情况从来没有发生过。每次,艾伦都会在某天晚上下楼说:"温迪,我的牙膏用完了,男孩们还要

刷牙呢，还有新的吗？"

"我不知道。"温迪说，"你最近没有买过吗？"

艾伦显出一副无比困惑的样子，笑着说："当然没有啊。"好像让他买牙膏是很不可思议的一件事。

"那我想家里是没有了。"温迪回答道。

艾伦或许很单纯，但是绝不头脑简单。从她的这种语气中，他感觉到有什么事情不对，于是说："要不我出去买些？"

"那可太好了。"温迪说，心想：*哎哟，是时候了，他总算明白了。*

她心里还觉得挺美的，直到他回家了，拿着一管——用她自己的话说："银河蓝色星球大战牙膏！"

老实说，作为一个男人，我靠在咨询室的椅子里，实在不明白哪里出问题了。她不是想要艾伦出去买牙膏吗？他买了呀。

"你难道从没有擦洗过那种东西吗？"温迪冲我嚷嚷起来，好像我是一个傻瓜。"那种蓝色的东西粘得到处都是！"

当温迪买牙膏的时候，她想的是，*哪种牙膏最容易清洁？* 当艾伦买的时候，想的是，*哪种牙膏孩子们最喜欢？*

这里面存在着误解——婚姻中常见的类型，是女人和男人的价值观之间存在的那道鸿沟的一个组成部分。但是如果你愿意了解你结婚的这个对象,你必须给他一点信任。温迪如果这样对艾伦说,就不至于生那么大气了:"今天回家路上,麻烦你买几管冠牌牙膏。家里没有了,我今天也出不去。谢谢啊。"你认为他会带回家什么?冠牌牙膏。他的任务很清楚——所以他知道要做什么,而且她告诉他,他是被需要的,被感谢的。

瞧瞧,这是不是一个更好的方式?还有克拉格和那个卷筒的故事,说明:如果希望等你的男人发现你的需要,可能要等很长的时间,为什么不直接告诉他呢?

只要你做出一点努力,便会有很大的收获。我保证,因为我见得太多了。

每次当他做了正确的事情的时候,表扬他一句,告诉他你为此是多么感激。在你朋友面前称赞他。"知道我亲爱的罗杰做了什么吗?我为这个项目工作得很辛苦,回家很晚,而他竟然为我做了意大利面条。我都不知道他会这一手。他还打扫了厨房。我高兴得差点哭了。"最好当着他的面在朋友面前夸奖他。他的内心会因此充满自豪,想着:*嘿,那个人就是我。*

李曼问答

问：我有一个丈夫，两个十几岁的孩子，一份紧张的必须到处旅行的工作。每次外出回来，家里都是一团糟，需要我收拾半天。没有人愿意帮忙，真的。马克会说："真高兴你回家。"然后继续看他的报纸。难道他瞧不见厨房里到处都是污垢，还有吃剩的比萨饼盒？

恼火的奥马哈人

答：我知道你为什么恼火。没有人乐于回家看到一堆垃圾，你生下来也不是为了当一只工作犬。

但是你有没有这样想过？你丈夫真的认为家里很脏乱吗？他像你一样介意那些吗？很可能不是。他并不想激怒你，他只是没有那个意识。为什么不告诉他："每次回来看到家里这么乱，我觉得很不舒服。下次在我到家之前，你和孩子们能否先收拾一下？"这些话会在你丈夫的脑海里亮起一盏灯，他会琢磨：是啊，这个主意不错，为什么我以前没有往这方面想过？试试吧，看看会发生什么。

一个月后……

亲爱的博士：

简直不敢相信。我刚结束旅行回到家，整个房间都焕然一新——甚至连厨房也是。再没有比萨饼盒，一副被打扫过的样子。太让我震惊了。哪里都是那么干干净净，一尘不染。一定是马克干的。孩子们参加学校的旅行了，今晚才能回来。哇，您的建议真是有效！

> 亲爱的奥哈马人：
>
> 　　很高兴你这样想。我再提供你几个建议。现在你有了一个很好的帮手，继续巩固战果。他非常愿意讨好你。当他今晚回到家，为什么不给他一个惊喜？告诉他："你知道吗，我真是非常感谢你打扫房间。这太令我惊讶了。"把他领到卧室，锁上门，以免孩子们回来得太早，和他亲昵一番，那就像是在宣告："我喜欢你这样为我做事。让我感觉像和你做爱一样兴奋。真高兴嫁给你这样的男人。"那个"男孩"绝对会听命于你，以后的家永远都将是这么整洁。

♥ 承担后果

　　有时你的男人需要经历一些事情，承担它们的后果，比如帮忙做家务。许多男人不喜欢家务活。他们不做饭，不打扫，不采购，衣服在哪里脱下来就丢在哪里。他们会认为那些都是女人们的事情。不过他们错了，组成一个家庭意味着每个成员都要为家庭的需要付出。

女人的话：

我照您说的做了。我开始维护自己，让老公承担一些责任。情况是这样的：一天我决定晚餐做他最喜欢吃的——烤排骨，但是家里没有烤肉酱了。我们只有一辆车，所以我给上班的他打电话，说："亲爱的，能帮个忙吗？回家路上在杂货店那里停一下。"

他说："不行，我太忙了。"说完就挂了电话。

我很伤心，真的。我为他做他喜欢吃的，而他却不肯为我在杂货店停上5分钟。不过我没有像通常那样发火，我记得您说过，让该发生的发生。

结果那天晚上他像一头吃饱的猪一样不断地哼哼："烤肉酱呢？没有肉酱怎么吃排骨啊？"

我平静地说："早些时候，还记得吗，我打电话叫你去趟杂货店。没车我哪都去不了，但是你说你很忙。我只是想让你买一件东西：烤肉酱。"

从他的眼神里我看出他听懂了，餐桌上立刻安静了下来。（这也是罕有的，他从来都对我做的晚饭抱怨不休。）

那是一个月前的事情。从那以后我只再给他打过一次电话，请他顺道买点东西，他回答："没问题。"昨天，他下班前给我打了个电话，问我需要带什么东西回家。您相信吗？我知道您会的，既然这是您告诉我的。

我不认为我的丈夫有多么大的改变，但是承担后果真的很有效。下次我会在孩子身上尝试一把。

帕米拉，密西西比

如果你丈夫不能给你帮忙，也不必贬损他。你无须把一个土堆堆成一座大山，只要慢慢训练他。我们可以训练小狗，为何不能训练你的丈夫？男人是可以训练的，最好的方式便是教他们承担后果。

　　例如，你厌倦了做家务。房间乱得像个猪窝，而他什么也瞅不见。当然，你可以跟在他后面指指点点，把手指戳到他脸上说："瞧瞧我必须打扫的，都是你干的。可是，只有我一个人干。你从来不搭把手，你总是在捣乱……"看着你双手插腰站在那里，知道他会听到什么？"叭啦叭啦叭啦"一个字也进不去他的脑子。

　　如果你采用下面简单的方式：不再为他收拾他的东西会怎么样？要是碰巧有个朋友路过，看到满屋的垃圾，他会不会觉得尴尬？然后呢？那样会不会杀了他？自然不会，但是可以给他一个很好的教训。

　　如果星期一的早晨他忘了倒垃圾，废物袋会和他的敞篷车摆在一起，怎么办？你不要去管。任它在他的领土上发臭。我敢打赌下个星期一他就会记得去倒了。

　　毕竟，男人是可以训练的。

♥ 放他一马

在你对男性感到失望之前,请记住,男人确实不懂感情。尽管我拥有博士学位,有时候仍然像一个白痴。(可以问我老婆。)不要指望你丈夫能读懂你的心思,明白告诉他你想要他做什么,提示他什么对你是重要的。我向你保证,如果你运用一个很好的方式沟通,他会非常感谢的。你们天生善于言辞,所以我相信你们会做得很好。

但是一定记住,要言行一致。哪怕你说得天花乱坠,如果他觉得你的行为没有表现出对他的重视,那还不如跑到后院对着一棵树大喊呢。

老话有云:在评价某人之前,最好先穿他的鞋走上一英里(译者注:类似中国成语"将心比心")。我们男人尽管不擅相处,但是为家庭提供保障会令我们深感满足,无论每天为此承受多大的压力。然而,更能让我们在情感上感到愉悦的是自己的付出得到承认。每个男人心里都有一个小男孩,希望从你那里听到一句"干得好"。

下次再见到你的丈夫,送他一份珍贵的礼物,不用花一分钱。只需告诉他:"太感谢你了……",并列出三四件你真心认可的事情。

如果你希望在星期五拥有一个新老公：

● 用温柔、友善、敬重的语气同他交谈，通过言语和行动表示你对他的重视。让他知道他属于这个家，你信任他的能力。

● 在家里尊重他，询问他的想法。

● 不要表现得太独立和太能干，他需要被需要。

● 对他讲清楚家里发生的一切，即使他不能身临其境，但是喜欢知道有关家庭的各种情况。没有男人愿意从第三者嘴里听到自己家的事情。

● 对他的爱好表现出兴趣。

● 倾听他（当他愿意说的时候）。

如果你能做到上面的几点，你会拥有这样一位丈夫：他的一生只有一个女人，能够为你提供生活保障，很好的保障。他会是个乐观的大男孩，愿意尽力取悦你。这些难道不是你希望在星期五得到的吗？

星期二的事情

1. 观察你另一半的成长环境。在何种状态下他感觉最舒服？为什么你会那样认为？
2. 他是如何长大的？
3. 他和母亲的相处方式是什么？他父亲是如何对待他母亲的？
4. 他的背景如何塑造出他现在的样子？他对你和对生活的态度一般是怎样的？
5. 他是否被鼓励分享自己的感受？

奖励章节

Bonus Section
奖励章节

如果遇到一个挑剔的、无礼而粗鲁的男人,你该怎么做?

确实有些男人只会利用他们的妻子,占她们的便宜,但是你无须忍受下去。

这一章节是为那些已经受够了和被压迫的人写的。

缺乏尊重

今天早晨我参加了一场电台秀,一名23岁的女性打电话进来提问。她是一个7岁男孩和3个月婴儿的母亲,没有结婚,和一个家伙同居着。她支付所有的账单,而他什么也不做,只是到处闲逛。"他只会挑剔我。"她说。她是厨娘、洗碗工、清洁工、性伙伴,那个家伙连小手指头都懒得动一下。他只是在利用她。

"甩掉那个笨蛋!"我大声说,"你面前还有全新的生活,他一点儿都不值得成为其中的一部分。"

但是如果你结婚了,从一个糟糕的夫妻关系中解脱出来便不是一件容易的事情了,对不对?

你拿起这本书一定是有原因的。你的内心深处渴望拥有一个全新的丈夫,因为现在这个不是。他只是你嫁的一个男人，一个操控你，不尊重你，不听你说话，冲你咆哮，甚至打你的男人。他欺骗，他撒谎，他不忠实，他好色。还有许许多多类似的事情，没有一件是你希望从男性那里得到的。

我事先要讲清楚一点：在这种情况下，可不要指望改善你们的关系能像变魔术那样简单。捧一把魔术粉，洒在房子周围，白色的围栏就会从地里冒出来了。那不现实，生活不是那样的。事实是，许多人确实找错了伴侣。那些不够自爱，认为自己不够好的人，会被虐待他们的人吸引。难怪当今超过一半的配偶会以离婚告终。

如果你决定考虑离婚，需要掂量一下下面几个问题。关于健康保障、退休保障、你在他财产中占有的比例、孩子的监护权等，你的律师是怎么说的？如果你有工作，你现在的薪水是否足以保障你的生活（房子、车子等）？你是否需要一些额外的收入以便应付开支或者为将来做一些储蓄计划？你和他是否有共同的支票户头、储蓄户口，还是只有你丈夫一个人的？你住在哪里？如果可以选择，你能否负担房子的费用？你的孩子多大了，对你们的分手会有什么反应？你如何考虑孩子的抚养问题，包括假期？你的孩子在哪里上学？

认真收集这些问题的信息非常重要。在各种虐待行为中(生理的,心理的,性的,言语的),婚姻不可能走得长远。你不应该,不可以,在家里忍受任何虐待。

但是离婚并非像许多人想象的那样,是个容易、快速的解决办法。它将给相关的所有人造成深远的影响。好好思考这些影响,会让你做出对自己和孩子更加有益的决定。

李曼问答

问:我丈夫特德一直瞒着我和公司的同事有染,已经八年了。从一开始我就知道,不过为了两个孩子,我忍了。我不希望他们没有父亲。但是不止这个,只有我为他们做晚饭,每天督促他们的学业。我女儿在校的表现不太好,学校校长说她存在许多行为问题,对谁都不尊敬。

现在特德提起离婚诉讼了,我要不要争取一下?您认为我们有和解的可能吗?这样做值得吗?

答:到底为什么,你会愿意和一个不尊重你,不遵守婚誓,背叛了八年的男人和解?很显然他从来没有把你和孩子当回事,任你独自承担一切,难道你忍受这些就是因为他能带回家一张支票吗?

你说你是为了孩子,但是老实说,这对你孩子并不好。尤其是如果你的孩子清楚发生的事情,知道你在忍受什么。面对这样一个负面典型的父亲,怪不得你女儿在学校表现不好,不尊重权威。换了我,也一样。

现在是你需要维护自己的时候了——为了你和孩子们的幸福。不需要什么和解。他很早就把你抛弃了。现在剩下的只是书面工作。让他走吧，但是要为自己和孩子争取最大的经济利益。

下面这个论点我将表述得十分坚决。即便作为一名咨询师，我错了，也是错在太心急。有时这意味着你要承受一段时期的痛苦。你*绝*不应该成为某人的沙袋——生理的，性的，心理的，言语的——哪怕那个人是你的丈夫。如果你丈夫是个好色之徒，他早早就背叛了誓言。如果你嫁了一个虐待狂，你必须维护自己，为自己争取法律和经济上的权利。你要把人生掌握在自己手中，为了你自身的安全，为了你孩子的自身安全和情感需要。

拿回你的生活

1. 捍卫自己，你是值得的。
2. 你的想法是重要的，你的意见是重要的。
3. 没有人必须喜欢你的说法和想法。
4. 如果你的行为表现出自己很有价值，他人也会认为你有价值。

苹果总是掉得离树不远

懂得这句谚语"苹果总是掉得离树不远"的人一定是

个聪明的家伙。现实是，婚礼进行曲响起的时候，走过那个撒满鲜花的红地毯的不仅仅是你们两个人。你带着你的父亲母亲，他带着他的爸爸妈妈，还有所有的亲戚朋友。你吃的玉米饼上面不仅有肉和黄油，还裹着莴苣、热酱汁、豆子、番茄、酸奶油——这才是整个儿的玉米饼。

你那个伙计的玉米饼上包裹着各种他从家庭中学到的附加的配料。他从父亲对待母亲的态度那里学到不尊重他人，猜猜他会用来应付谁？你。如果你回头发现你的公公不尊重你婆婆，又转身看见他的儿子不尊重他的母亲，你难道认为自己会好过一点？会被重视，被友善、肯定、礼貌地对待？

"我明白，我明白。"你说，"但是我们彼此相爱啊，我以为将来会没事呢。"在热恋时期，大家都会努力表现出最好的一面。他也许看上去很纯良，直到结婚后你才发现自己最多买了一罐只有 57% 纯度的亨氏奶粉。

现在才告诉你这些，会不会太晚了一点？当你重新面对这些重要问题的时候，或许你会展开另一段感情，那就不算迟。

我是否在鼓励你抛弃那个笨蛋？这种说法并不准确。如果涉及孩子，你必须更加慎重一些。那是不是你要永远为了一个缺乏尊重的婚姻受到谴责呢？当然不是。我的意思是，你必须阻止这种不尊重继续下去。为了改变这种循环，你必须改善和丈夫相处的方式。

如果你只是坐等他改变，没用的。要是你不断找他的茬，你会变得比他还令人讨厌——他会更加不重视你，因为找茬是种懦弱的表现。那我们该怎么办呢？

记住你丈夫是习惯的产物，想得到男人的注意，就需要打破他的惯有规律。既然男性倾向于做个修理工，有时在他注意到之前，必须让他自己去发现什么东西被打破了。

例如，拿你老公佛兰克来说吧，一天下午回到家，立刻大吼起来："我干洗的衣服呢？为什么你不去给我取衣服？"

你知道这样吵下去自己是不会赢的，所以不要再陷进去了。如果真是你的错，向他承认自己忘了，对他说声抱歉，提醒自己说即便做错了，你还是值得被尊重的。今晚你就要为此做点什么。

一个半小时之后，佛兰克注意到桌上没有晚餐。于是抓抓脑袋，回到屋里，盼望着也许是因为你有点忙，会晚一点开饭。但是 30 分钟过去了，还没有听到你喊吃饭，他保证会叫起来："晚饭呢？"

不要发火，不要抱怨，用平静随意的语气说："我今天不想做饭。"

"你这是什么意思?什么叫你不想做饭?"

保持冷静。不要陷入另一场争吵,只需简单地回答他:"是这样,佛兰克,两个小时前你回家的时候,冲我大叫大嚷,问我你干洗的衣服在哪里。事实上,我从一早就开始打扫你和朋友周一晚上举办的橄榄球之夜留下来的烂摊子,后来你妈妈又在下午把我叫过去帮她做事。很抱歉忘了取你的衣服,但是我认为你应该对我尊重一些。当你根本不知道这一天我是怎么过的,就对我发火,让我觉得你很不重视我。我得不到重视,所以不想做晚饭。"

大部分时候丈夫注意不到妻子的情绪低沉,觉得自己被贬低了。(这证明了那个事实,男性没有女性敏感。)所以你要做点事情让他知道你们的关系出现了问题。如果只是跟他嘴上说,用处不大。(下一章,我们将讨论你该说什么及如何令他接收到。)但是如果你创造出一个场景,你发出的信息便会戏剧性地得到增强。

女人的话:

我丈夫总是想当然,常常挑剔我。我做的事没有一件令他满意的。还老拿离婚威胁我。每次他提到离婚,我就感到很害怕。我们有三个孩子,我该怎么办?我只能尽力讨好他……每次都是这样。

后来我接受了您的建议，李曼博士，您说是时候给他一个意外了——告诉他我想离婚——试试看能否给他敲一下警钟，让他瞧瞧自己都做了什么。您是对的，那立刻阻止了他刚准备发出的牢骚。听到我的话，他的下巴几乎掉了下来，怔怔地盯着我。

现在我们一起去做咨询了。最近他告诉咨询师，想到可能会失去我和孩子，他的脑子感觉要炸开了。您又说对了，有时你必须抓住公牛的犄角，好让事情有所转变。我们家的气氛开始不一样了——很缓慢，但是已经在变了。

阿丽西亚，华盛顿

同样，你也需要认真仔细地观察你丈夫的家庭背景。他的父亲如何对待他的母亲？他的母亲又是如何对待他的父亲？如果你丈夫在一个父亲行为粗暴，经常对母亲发脾气的家庭里面长大，你认为他能从中为自己的婚姻学到什么？女性？他自己？他的父母亲如何面对困难？他们的交流方式如何？吼叫，打闹，冷战，直到某一方感到内疚和抱歉吗？他们是否像狗和猫打架一样，永远没完没了？也许他们相互怨恨，家里的气氛十分紧张。问题永远得不到真正的解决，翻开又被盖上，就像牙上的齿菌斑。从所有上述现象中，你丈夫能够学到什么，对你和他的感情会产生怎样的影响?

这就是所谓的"多米诺效应"。最近通过汽车和电气问题我学到了许多关于那方面的东西。在地球上行走了60年,我仍然对修车之类的事情一无所知。但是我确实知道如果有人告诉我,我的车子出现了一个电气问题,我就要花掉一大笔开销,因为这类问题会用不同的方式显示出来。在如今的高科技时代,在修车行扔钱太容易了,尤其是按照高达每小时70元的收费标准。我很讨厌出现电气问题,它们实在太难追踪了。每当我觉得问题出现在某处之时,它就会在其他地方显现出来,简直就像大海捞针。

每个人的电路组成都是不同的。其中有些电路搭对了,有些没有。如果始终被正确对待,长期不受干扰,它们便能好好的,一点不会令你为难。但是在一些环境中,那些线路被拉扯了,玩弄了,丢弃了,破坏了。所以有何可惊讶的,那些错位的线路终究会暴露出来,制造麻烦。

取悦者

婚姻中的每一方,都有义务取悦对方。但是会出现这样一个问题:一方总是在讨好,另一方总是在掌控。

一个取悦者经常在外表看上去很自信和成功。但是内心里，她自己的逻辑是：无论她怎样做都不能令他人满意。她生长在一个严格的、不幸福的家庭中，缺乏父亲的关注、保护和爱。在父母的压力下，通常会成为一名完美主义者。迈入婚姻之后，她仍然愿意忍受丈夫的行为模式，因为她一直觉得自己不配被更好地对待。至少，爸爸妈妈并不这样认为，况且他们一定是对的。

一个取悦者认为所有的过错都是自己造成的。只要她换个方式说，换个方式做，她丈夫可能就不会对她大吼大叫，怒气冲天，拳脚相加。一个取悦者希望生活像高速公路一样平坦，没有颠簸。"不惜代价的和平"是她的座右铭，但她却是付出最多的那一个。她是门口的擦脚垫，任何人（包括她丈夫）都能够利用她。她的价值以她的所为衡量（烹饪、打扫、洗衣服），而不是她本身。

讽刺的是，一个取悦者倾向于嫁给一个爱占她便宜的掌控者，或称"依赖者"。

掌控者

一个掌控者，是一边看着父亲在言语和行为上诋毁、攻击、伤害他的母亲，一边长大的。他由此建立一个观念：女性是羸弱的，是注定被支配的。他会经常为自己的态度不好忏悔："对不起，请原谅我。我不会再那样做了。"

作为取悦者的妻子很愿意相信他的话，于是对自己说：*他是真的感到内疚了。他说他是。我想我是值得的。* 但是同样的场景一遍又一遍地上演。掌控者在指使比他弱小的人的过程中获得快感。他采用的方式也许是肉体上的，言语上的，或者是控制家用。

一个掌控者不见得总是在言语或肉体上实施伤害，他也可以利用妻子的同情心和帮助他的渴望。这种类型的男人我称之为"依赖者"。他的妻子是一个改良主义者——幻想着只要她够努力，就会把自己的丈夫改造成想要的模样。她耗尽了一生的时间，围着丈夫小心翼翼地周旋。

把掌控扼杀在摇篮里

成千的男人躲在女人的裙子下面，逃避着生活。他们抱怨各种事务，比如新买的平板电视不好用啦，不住口地发牢骚，发牢骚——不过只限于家庭内部。当面对推销员的时候，他们马上就矮了半截。许多时候是你们，*妻子们*，把电视送回商店。懂我的意思了吗？你最好退下去，让你丈夫走上前，当一名男人，而不是一只老鼠。

你生下来不是为了给你老公做擦鞋垫和仆人的。

你丈夫有没有令他仰慕，对他有良好影响的人？一个能够用羽翼保护他，教导他如何做一名好丈夫的良师益友？你家附近有没有让你们羡慕，可供参加的小团体？任何能够促进夫妻关系的团体？你的丈夫会去拜访专家吗？

你丈夫的反应能够相当明确地告诉你他是否愿意改变。如果他愿意，太棒了！鼓励他继续在你无能为力的地方坚持下去。如果他不愿意，或许最好对你的婚姻放手，否则只会带来更多的伤害。

安卓嫁给了一名高层管理人员，一个纯粹的卑鄙小人。他到处拈花惹草，多次背叛婚姻，绝不是个好丈夫和好父亲。当她来我这里咨询的时候，他刚提起离婚诉讼，决心要孩子的监护权。因为有钱，有好的律师，他占了上风。安卓一想到即将失去孩子，完全崩溃了，为他们的处境感到十分担忧。

我想方设法地让她看到她丈夫是一名掌控者，知道一头母熊的软肋——它的小崽子。他是真心想要孩子吗？当然不。一个到处飞的商业经理如何整日对付两个小孩？带他们一起商务旅行吗？在机场进行商务谈判的时候让他们坐在自己旁边吗？接送他们上学和上小提琴课吗？

"下次他再威胁你要夺走孩子的所有监护权，"我对安卓说，"瞪着他的眼睛跟他说'不需要你的律师那样做，他们是你的，这是他们的日程安排，好好看看吧。'然后把下个月的日程表丢给他。"

"可是万一他接受了呢?"她问。

"也许吧,"我说,"于是你可以好好利用这段时间。回学校进修,四处上课,完成你的学业。如果你想当一名单身母亲,你必须学会工作技能,以便养活你自己和孩子。"我笑了,"但是我敢保证,即便他真的接管孩子,也过不了一个月。"

我是对的。一个星期不到,她便把他的掌控欲扼杀在了摇篮里。

如果你也要照搬一遍,我很怀疑你们是不是选择了同一个男人。既然你选择了他,你对结局的态度将对你和孩子的未来生活产生不同的影响。但是你必须先划下一条不可逾越的底线。

Bonus Section
奖励章节

　　这个章节也许不适用于你们所有人，但是对你们中的某些人而言，不亚于最后一根救命稻草。

　　你已经尝试了各种方法试图改造自己的丈夫。在承受了无数的伤害、侮辱、虐待、蔑视之后，你简直不知从哪里开始思考在星期五获得一个新老公的可能性。他不断背叛你，在言语中或者肉体上虐待你（也许两者都有），动不动就诋毁你，甚至连你的孩子们也受到了冲击，你无法再继续忍受下去。你希望在星期五获得一个全新的老公，非常希望，但是又不确定是否还想要*另*一个男人。我劝你你最好重打锣另开张，因为他对你的伤害是如此之深，你已经不可能再从他那里感受到爱了。

　　如果真是这样，下面的话便是针对你写的。

你在试图把一匹斑马变成马吗？

大多数男人*愿意*取悦他们的妻子——至少那些健康的男人会。那些出色的、品德良好的男人知道什么是对的以及如何做是对的（尽管有时候也会犯傻）。但不幸的是，你很可能没有嫁给一个这样的男人。

或许你丈夫沉迷于烟草、伏特加，甚至白色幽灵可卡因；或许他是个色鬼（公开的或者私下的）；或许他是个虐待狂；或许他陷于色情世界，看到他那副样子还有强迫你做的事情，你就会觉得恶心。我问你：他曾经是一个令你尊重、热爱、骄傲的丈夫吗？还是你一直试图在把一匹斑马染成白色的骏马？

我的意思是，有些人听到马蹄声便会说："哦，那是一匹斑马。"但是如果你居住在伊利诺伊州，跑过来的很可能是一匹骏马，不是斑马。人们总是趋向相信他们愿意相信的事物。你也如此吗？你是否也掉进了这样的陷阱，妄想把你丈夫涂成其他的样子？那我要告诉你，你不可能把斑马的斑纹擦掉，让它变成一匹骏马。斑马就是斑马。

众多的单身或者再次单身的女性梦想在单身酒吧找到她们理想中的丈夫——他们身上的盔甲闪闪发光，温柔又多情，一生一世紧紧围绕在她身边。如果这是你的期望，那还不如去寻找一匹在湖滨大道散步或者乘坐芝加哥水塔扶梯的斑马呢，那样或许更容易些。

观察酒吧中男人的粗俗言行，听他们用什么样的语言谈论他们的前妻或前女友，能够让你清楚地了解他们的个性。他们中的大多数人都不喜欢自己，你让他们如何再去喜欢——爱——其他人？他们一个接一个地换工作，一个接一个地换女人，总是别人的错，自己没有任何问题。许多人脾气很大，大部分人不过是想寻求一夜情，根本不是长久的感情。

我问你，酒吧的环境和你梦想的家一样吗？对你，对你的孩子，一个流连酒吧的男人，真的可以成为人生伴侣吗？

这种类型的男人能够转变吗？如果被上帝的闪电击中一下，也许有可能。有些男人天生就是失败者，缺乏成为一名强壮的男人的能力，无法去爱女人，给她想要的生活。也许这与他们的家庭背景有关——成长期间在家里被对待的方式（比如缺乏家庭温暖）；也许是因为他们对药物依赖。但是确实有一些男人自私透顶，完全不顾及他人。

如果我说的情况符合你的实际，我感到很抱歉。很抱歉你嫁给了一个没有能力爱别人的自私的男人。你现在发现自己做了一个糟糕透顶的选择，当初你真是瞎了眼，爱的幻梦最终变成牢牢束缚你的枷锁。

安慰你一下，不是只有你这样命苦，世界上充斥着这种男人。在我的咨询实践中，我见过一些家伙，他们很卑鄙，滥交无度，毫无廉耻，不停地违背誓言，根本不顾道德的约束。

一个人甚至当着他妻子的面对我说："我是个好丈夫。结婚以后我外面只有四五个女人了。我真不明白这样她还觉得不行？"

可以想见，在反复听了几番这种蠢话之后，我给那名妻子的建议。甩掉那个混蛋！不需要上帝插手，那个男人根本不可能有爱，而女人和孩子却忍受了他长达23年。现在她的孩子已经长大离开家了，她需要，也有权从他的虐待下解脱出来。她为自己当初错误地爱上他付出的已经够多了。

回顾你的夫妻关系，你是否早早发现过一些迹象，表明你丈夫是名掌控者？你是否曾为他找借口？掌控者的标准表现是他永远是对的。每当出现问题，一定是他人的错，绝不可能是他自己，所以他总是需要替罪羊。无论是心理上还是肉体上，他的沙包就是，猜猜是谁？你。

必须终止这一切。现在。

当你结婚的时候，也许认为能够改变他。你花费所有的精力试图证明这一点，可是毫无结果。他的工作也许还算体面，但是行为不检，道德败坏。他没有成长在一个良好的家庭环境，在家里看到的，学到的，是虚伪、傲慢、懒惰、不忠和虐待。如果你嫁的男人来自有缺陷的家庭，即便你认真对照本书的每一步骤去做，让他转变180度的机会也很小。

这种男人真的无法改变吗？当然不能说完全没有希望。我所知的唯一途径是重塑他的灵魂。你可以不顾疼痛把斑马的斑纹擦掉，但它仍然是一匹斑马，不是马。

如果不采用优良的材料建造房屋，地基便不可能结实，总有一天会破裂，紧接着墙会倒，直至最后整个房屋崩塌掉。你婚姻的基础必须是牢固的——信任、友善、相互倾慕、相互尊重，四者缺一不可。如果没有这些，你需要正面现实：你的婚姻不会长久。即便能够长久，你为此付出了多少代价？继续容忍你丈夫对待你的方式，你和孩子（如果有）还要付出多大的代价？

有些女性整日与一个四处饮酒买醉、寻欢作乐、追逐女人的丈夫为伴，你真的希望后半辈子这样过下去吗？你丈夫需要专业的指导。如果他没有这种想法，那你还是好好考虑一下自己的将来吧，尤其是如果你有孩子。

李曼问答

问：我结婚25年了，情况应该算不错的。我是长女，我丈夫赫尔是他家中的宝贝（我刚读了你写的书《天生我赢》），只不过是那种善于操控、诡计多端的宝贝，事事逃避、处处利用他的妈妈。

婚姻期间，赫尔有过三次外遇——一次是婚后仅仅一个月，一次持续了十年，还有一次就发生在去年。他还曾经为了激起我的嫉妒心，把我的女友带出去过。

我受够了，可是我的家庭教育使我无法接受离婚。我跟他说我们必须好好谈谈了。他却问我："怎么啦？"我说我要离开他。他同意分手，答应不告诉我们十岁女儿真正原因。可是不久他又回来，趁我出门的时候，对女儿说是我强迫他离婚的，他自己并不愿意。女儿从来不知道他有外遇，他推说都是我的错。我不想诋毁我孩子的父亲，那我该怎么办？救救我，我要愁死了！

爱丽丝，罗德岛

答：你是典型的取悦者嫁给了掌控者。掌控者通常是长子,不过相反的情况也经常出现,就像你的例子。这么多年他都在吸你的血,占你的便宜。必须让他住手了。他一直在享福——在家中随意出入,有人替他洗衣服,给他做饭,不对任何人负责任,和其他女人上床(同时还要你)。他干吗要分手或者改变自己呢?

在这种情况下,你要坚持维护自己。那个男人已经在你那里不受欢迎了。你女儿,一个十几岁的孩子,始终在旁边看着她爸爸如何诳骗你,需要知道真相。提醒你一句,关于他父亲三次外遇的情形不用说得非常详细,描述个大概即可。找个律师咨询你的权利,现在是时候要动真格的了,你还想继续这样生活下去吗?你和你女儿,值得拥有更好的生活。

❤ 检查一下?

我每隔六个月去看牙医。你知道的,他们会定期寄给你一张卡片,上面写着:"凯文,到时候该给你的牙洗个澡了。"

上次我去做检查时,对医生调侃道:"你一定特别高兴我现在用牙线刷牙。"

"是啊,李曼博士。"她说,"你现在明白那有多重要了吧?"

是的,我明白了,所以我常去沃尔格林(译者注:美国一家零售企业)买那些辅助牙线的塑料玩意。我不是个牙线的爱好者,不过还是比以前用得多。我们的牙齿需要常常做个检查,如果放任不管,那些齿菌斑便会蔓延开来,造成严重的口腔问题。我们的身体也要进行不定期的检查,否则胆固醇便会侵入我们的血管,有损心脏健康。

同样,我们的婚姻也需要定期审视。如果你嫁了一个利用你的人,你必须维护自己的权益,你必须加强说"不"的能力。那是你为了自己,为了孩子,为了下一代,必须承担的责任。

我曾经接到过一封措辞悲酸的来信,是一位处于极度震惊中的女性写来的。她无意中发现一张她丈夫某天中午在超市买花的收据,上面写着:"12.99元特等玫瑰"。当然啦,她满心盼望着玫瑰花的出现,但是她再仔细瞧了瞧收据,日期是三天前的。

她开始怀疑自己的老公是否有外遇。知道这个聪明的女人做了什么吗?她雇了一位私家侦探,详详细细地跟踪记录下她老公的一举一动,还有照片。

事实证明,她那个做销售的丈夫,经常在午餐时间和她最好的朋友(高中时就认识)乱搞,幽会地点和她的家仅仅隔着几条街。那个女人的丈夫是一名飞行员,一出差便是三四天。她俩经常聚餐，面对面地聊发型、时尚、鞋子和孩子，她们的孩子也在一起踢球。

"李曼博士，"她问，"我该怎么办？"

"直接去找你的女友，"我说，"问她，'是你去告诉你丈夫，还是我去？'同样也当面和你丈夫谈，把那些证据拿给他看，然后就等着看好戏吧。"

当然，在那种情况下你可以选择苦苦相劝，只是这种伤害太深太痛，非常具有破坏性，对婚姻和友谊造成的危害极大，你们的友谊不太可能再维持下去了。这个痛会深深地留在心底，很长时间难以消除。

如同你们猜测的那样，这对夫妻分手了。丈夫不明白这到底是多么大的一件事。（他说，只是性啊，没有其他意思。）妻子拒绝再对这种想法和行为忍耐下去了（非常正确）。一个月后，她便提出了离婚，勇敢地当面斥责她的丈夫和女友，告诉他们这种行为极大地伤害了她，辜负了她的信任，对两个家庭造成了毁灭。

因为无法忍受看到他俩在一起，还住得那么近，她搬到了稍远的地方（20分钟的车程之外），没有换工作，只是将孩子转到另一座规模小些的学校，以免再碰到前女友和她的孩子。她聘请的律师很能干，很好地维护了她和孩子们的利益，同时允许孩子们在周末和假期的时候与父亲见面。

　　她在随后的一次会谈时告诉我，当那个令人惊讶的消息在街坊四邻传开后，她的前女友在某天下班后……再也没有回家。前女友的丈夫接到她的一封电邮，说她觉得最好还是搬到另一个州去生活，愿意放弃孩子的所有监护权。她丈夫只好接受现实了，开始重新安排自己的工作日程，以便能够一个星期留在家里四天。星期五和星期六的两个半天请住在一小时路程以外的母亲照顾两个孩子（一个4岁，一个10岁），他好腾出时间完成没有做完的工作。

　　如果你面对的情形类似——遭受背叛，而且是你亲近的人——你并不孤单。全国各地的女性每天都在遇到同样的事情——与她们最好的朋友。（讽刺的是，找我咨询的这对夫妻，曾经在高中时期，被选为"最有可能结婚，生活幸福的一对"。）

　　于是你打电话给你的律师，提起离婚诉讼。但是离婚最痛苦的是大家都要付出代价。孩子付出情感的代价，你付出经济上的、情感的、亲密关系的代价，你丈夫（尽管他看上去不觉得抱歉）也会在将来的感情关系中付出代价。

　　这就是为什么下面的做法是值得的：

1. 留出时间准备好好了解你的丈夫。观察他在自己家中的行为模式，看看他父亲是如何对待他母亲的，以及他母亲是如何对待他父亲的。这些对于了解你丈夫在成长过程中是如何被对待的他在你们的夫妻关系中将模仿什么样的角色，都是很好的提示。（对你们中的某些人来说，这样做对你们第二次的选择很有好处。）

2. 确定你们彼此把对方放在第一位，每天交流，增进彼此心灵的距离。

3. 不要带着情绪上床。

4. 不要让问题悬而未决。

李曼问答

问：我丈夫处处撒谎，在求职信中隐瞒抽烟、酗酒、吸毒的事实。（过去几年中，我发现他7次吸食可卡因。）开夜车的时候，总是显得鬼鬼祟祟的，很不喜欢我去打扰。他还经常刷爆我们的信用卡，不和我商量就买东西——比如一条我从来没有上过的船，导致我们陷入了严重的经济困难。我该怎么办？

答：直接面对那个男人。告诉他你们必须谈谈了。告诉他需要找医生戒掉他的药物依赖。他那小心翼翼的行为也很可能说明他是个色情狂，不想被你知道。为了证明这一点，查查他电脑上的历史记录，瞧瞧他最近都在看些什么。

在性方面他是否曾经要求你做出一些你不喜欢或者不舒服的姿势？是否曾经强迫你做你不想做的事情？那些可能都是他沉迷于色情的表现。

同样，认真核查信用卡上的消费明细，也许你又会发现某些色情玩具的影子。如果真是这样，当着他的面，不要问"你是否在看色情画面？"如果你确定这个事实，就不要给他任何辩解的机会，郑重其事地说："我知道你在干什么。那样很下流，很恶心，对我，对所有的女性都是一种不尊重。你必须停止。如果你继续这样下去，不愿意悔改，我不会留你在这个家里。现在你必须预约一名咨询师，解决这个问题，还有你撒谎的习惯。"如果你们的信用卡是联名户头，暂停那张卡，不再支付任何开销。

那个男人在利用你，不要忍受他的行为。你要坚持叫他去咨询专家，如果他不愿意，就请他离开你的家，永远不许再回来。你不能信任一个撒谎的人，更不要说一个性变态。在家里没他这种人的位置。

♥ 说"不"的能力

如果夫妻之间存在任何一种虐待（肉体的，性的，情感的，言语的），两人必须分开。你丈夫最好离开，实在不行，你走。这是我的底线，你们不能继续生活在一起。如果这样做会引发冲突，就让它来吧。要是你丈夫经常在肉体上虐待你，你必须小心谨慎地做出计划，确定什么时候(他不在之时)收拾行李走人比较合适，哪里是安全之地，无论是短期逗留还是长期居住。

"但是，李曼博士，"你说，"他是个牧师。这样做会令他很难堪，毁了他的事业。"

我不管他是谁，即便他是教堂的执事（这种虐待发生的几率比我们想象的更高）。你不能再令自己或者你的孩子为了一个恶劣的男人生活在伤害中，你也不能整日小心翼翼地生活在等待下一次爆发的恐惧中。

你可以试着先劝解他，比如说："听着，我愿意继续和你生活，继续牵着你的手。如果你愿意做出改变，我可以做你的拉拉队长。但是我不能替你去做。你必须自己想办法，自己去面对。"

你必须学会说"不"，让他承担他该承担的责任。我再说清楚一点：你生来不是被人践踏的，尤其是你的丈夫。你不需要做他的工作犬，你值得拥有更好的生活。

如果你让一个掌控者一尺，他会要求一丈。所以一定要快速坚决地划下自己的底线，高标准、严要求。如果你丈夫为此诅咒你，臭骂你，说你一文不值，你不应该再忍受下去。毕竟，在婚姻中任何威胁、无礼的行为都不应该被接受，*无论*出于什么样的理由。

我非常支持女性提出离婚诉讼，以激起男人们的注意——要采取行动，让他把自己当回事。信不信由你，许多时候，这样做会令那个虐待狂认识到自己的问题，愿意寻求和解与帮助。

经过双方大量的努力，夫妻关系有时能够得到挽救。真的是"有时"，因为那些模式在他们的心中是如此根深蒂固，极其难以动摇。

许多时候你必须握住秃鹫的嘴巴才能捉住它。你必须说："这样不可以。我坚决不再为你掩饰了，不能允许这种行为继续发生了。"不要陷入争吵，只说一次，然后转身，走开。

女人的话：

我丈夫沉迷酒精已经 17 年了。我常常替他打电话到公司，为他醉酒无法上班遮掩。某天我听到您关于不要再做教唆者的讲演，回到家之后我决定照您的说法尝试一下。那天晚上他又喝醉了，直到第二天才醒。以前我都会给他的同事打电话说他不舒服，要迟到一会儿。因为他的老板总是 11 点才到办公室，所以每次他都侥幸逃过了。但是那天早晨我没有打电话，并且任电话在那里响个不停，一定是他的同事在找他。

醒来后他急了。"为什么不接电话？"他大吼起来，我说我不会替他掩饰了，再也不愿意为他撒谎了。我说到做到。

那天上班后，他发现自己错过了一个很重要的会议，老板注意到了。可想而知老板很不高兴，结果赫尔那晚加班了许久。当他再次早晨上班迟到的时候，老板叫住了他，通知他如果不想被解雇就必须去上AA（美国嗜酒互助协会）。他去了，尽管不是很乐意，但还是去了。他喝得仍旧有点多，但是不再对我嚷嚷了。您是对的。就是要让他承担后果，这样做很管用。现在我家里比之前安静多了。

简妮特，得克萨斯

我的底线在哪里？下面是两种绝对不能接受的行为。

肉体或性虐待：他威胁说将伤害甚至杀死你或者孩子。

如果你丈夫对你进行肉体虐待，性虐待，用枪或者刀子威胁说他将伤害甚至杀死你和孩子，你*绝对*不能维持这样的婚姻。这种情形下，为了你和孩子，必须立刻计划离开。但是记住要小心，寻找适当的机会，不要因此把自己或者孩子置于危险之中。换句话说，假定你丈夫有工作，会出去上班，你需要设计一个完善的逃跑计划。

与当地的妇女福利所联系，对下一步相关的细节和你跟孩子的福利问题，寻求具体的办法和建议。你需要为自己考虑一个长期的规划，福利所只能提供暂时的帮助。但是那里的人通常训练有素，能协助你度过最严重的危机时刻。

你首先要制定一个方案，包括外出之前需要做些什么，出去以后住在哪里。也许等你丈夫出门后，你要为自己和孩子收拾必需的行李，把孩子从学校接回来，然后直接跑到妇女福利所。那里的人们受过训练，知道如何对付愤怒的男人，你需要他们的保护。去找离你只有几个街区的女友并不是一个好办法，尤其是在你男人被激怒变得暴躁的时候。他也许会找到你的女友家，把你拽出来，把你的女友拽出来，把孩子拽出来。这个国家许多妻子被自己的老公杀掉了——哪怕她们违心地听从了他们。你一定要避开，远远地避开，要求法律调解，到权威机关提出诉讼。

爱从不要求它自己的方式。如果要求了，那就不是爱，你不能被当做一个傻瓜愚弄，还期望最好的结果。

情感和言语虐待："但是李曼博士，他从不打我。"你说，"他只是对我吼叫，说我一钱不值。"

情感和言语的虐待同肉体虐待没有区别。语言是伤人的，况且持续的时间更长。如果你的孩子们目睹这种虐待接二连三出现，造成的后果是相同的。你不能待在一个有害的夫妻关系中。

在存在肉体、性、心理、言语虐待的家庭里，你必须夺回控制权。如果有孩子，带着他们从那个掌控者手下挣脱出来。如果你是一名取悦者，期望生活的海洋风平浪静，竭尽全力避免冲突，那难度未免太大了，无异于飞蛾扑火。你一定要挣脱出来，这种感情不健康，甚至很危险。

你必须掌握自己的生活，如果你不能为自己这样做，为你的孩子们做吧。每天，他们都在看着你丈夫是如何对待你的，让他们看到一个拒绝被伤害，被侮辱，有尊严的母亲吧。

尽管没有一个家庭可称完美，但是孩子们会从自己的经验中学习。这个家是充满了伤害，被恐惧笼罩，还是洋溢着和谐的气氛，处处体现着爱和尊重？你愿意让下一代经历哪种体验？

我会为你做了你该做的事情而鼓掌。

星期三

想好要说的话，
分成十次说

星 期 三

*想好要说的话，
　　　　分成十次说.*

如何让他聆听你，你又该如何聆听他？

  我讨厌坐经济舱。你可以认为我虚荣，是的，我承认在这件事上我有点小小的虚荣心，但其实必须坐在飞机前端的真正原因是我患有幽闭症。（我每周要飞好几次。）也许我应该去看心理医生，他或许能治好我。
  通常我只坐在飞机第一排右手的第一个位子，这样我会觉得舒服一些，因为前面没有人把椅背放下来。尽管如此，我还是偶尔会感到呼吸困难。
  有一次，在一架MD-80飞机里，我都感到窒息了。当时我坐的正是经济舱。更糟糕的是，只剩下一个座位了。座位号是7D，稍微向过道突出，因此我无法得到全封闭的安全感。桑蒂规矩地坐在我旁边，7E，中间的位置，靠窗的 7F 是另一名女性。

那架航班是从图桑飞往芝加哥，全程大概 3 小时 20 分钟。落座没多久，桑蒂便和旁边的女士聊了起来。她们在飞行途中谈了差不多两个半小时——一刻不停。我要是提出关于那位叫什么简的 100 个问题，桑蒂一定可以如数家珍。

我很惊讶她们聊的话题——孩子，孙子，烹饪，女友，婆媳关系，图桑市，芝加哥，在芝加哥上学的女儿。她们甚至交换了彼此能够想出的食谱。重点是，她们不停地说啊说啊。每次我站起身做个深呼吸放松的时候，她们都在聊天。

就是这样，桑蒂和一个完全陌生的人在 3 小时 20 分钟的旅途中整整聊了两个半小时。很快她们便熟悉了对方。而我呢，始终戴着耳机干坐在一边。我几乎乘坐美航单独飞行了 400 万英里，通常的情况是，我坐下来，和窗边那个家伙打声招呼："早上好。"然后，然后就没了，只有这三个字。在图桑市到芝加哥的旅途中，我们交流的频率是每一小时一个单词。

你知道吗，我无须认识邻座的先生，只是没有需要。但是桑蒂，还有和她相类似的女人们，真心喜欢那种"分享式"的交往。这又是一个女性和男性之间巨大差异的范例。在音乐会或者体育比赛的时候,在洗手间排队等候的女人们很容易谈论起一个话题,而男人们只会想要进去,完事,然后出来。

我没有妊娠纹,我从不来例假。但是我妻子说我长着一个猎犬般的鼻子,对男女关系极其敏感,能够在12英尺以外嗅出一只老鼠——那个失败的家伙——的味道。要知道我花了许多年的时间,和女性(一个妻子,四个女儿)一起生活,观察女性,为女性咨询。

前几天,我在一个购物中心,看到三个女朋友一场热烈的谈话。内容大致是这样的:

"哦,莫莉,我真喜欢你的头发!*太可爱了!*"两人拥抱后,其中一位女士说。

这给那个莫莉提供了一个长篇大论的机会,"哦,上帝,我不知道。别提它。为了配合我的尖下巴,长脖子,还有鼻子,头发最好是这样一层层的,加上点修饰"——她拿出一张照片,上面是她计划理出的样子——"但是理发师全弄错了。下周我要和理查德参加他的公司年会,我都不知道该怎么办了。"

"哦,没那么糟糕。"女士甲说。

"还有你的鞋子和外套……真是*很特别*。你哪里买的?"女士乙跟着问。

莫莉耸耸肩:"我不过是想换个新花样。你真喜欢吗?"

"你穿什么都好看。"女士甲说。

她们又唧唧喳喳了五分钟左右,(我在一旁,边喝着一杯星巴克边看着她们,因为我实在忍不住要这样做。)莫莉走了。

猜猜那两位又说了什么?

"哦,天哪,那个发型!太可怕了!但是我不会当她面说的。太伤人了。"女士甲说。

"还有那个*外套*,"女士乙随之说,"加上化妆她看上去足足老了五岁。配着那个大屁股,太不好看了!你知道,*我*也想另外换个发型了……"

她们接着聊了下去。

比较一下如果是两个丈夫,在购物中心见面后会说些什么:

"肯。"握手。

"凯文。"点头。

"天气挺好。"

"嗯。"

然后,如果我们互相感觉不错,其中一个会发起一个提议。

"一起去理个发？"

"嗯。"

就是这样。谈话内容就此告终。而且，你知道吗？我们都很满意。

我敢保证那些男人不会注意对方的衣着，即便稍微有些印象，也会在他转身离开的一刹那忘掉。

♥♥♥♥♥♥♥♥♥♥♥♥♥♥♥♥♥♥♥♥♥♥♥♥♥♥♥♥♥♥♥♥♥

女人的话：

自从一个月前听了您在教堂的演讲，并且按照您说的原则在婚姻中实践以来，我们的夫妻关系取得了很大的改善。我最大的困扰是我丈夫从不用我喜欢的方式交流。当听到您说"他不是你的女友，而是你的丈夫"时，我一下子开窍了。这句话听上去虽然很简单，却实实在在改变了我的生活。我花了12年才懂得这一点（在您的帮助下）。我是个迟钝的学生，对吗？

艾丽丝雅，得克萨斯

请注意上述两种互动中最大的不同：词汇量。你知道吗，你每天用的词是你丈夫的七倍——连你们不怎么愿意说话的时候都算上。

交流 101

1. 意识到他使用的词汇量远比你少。
2. 不要期待,特别是对男人,那是不现实的。
3. 具体表达出你的困扰。
4. 只说关键点,而不是整个儿的玉米饼。
5. 不要指望很快得到回应,给他时间思考。

最近,我对女性进行了一次即兴的调查。我问了十个已婚妇女,她们的丈夫最令她们讨厌的是哪一点。十个人里面有九个回答道:"他不理我。"又接着说,"我让他干什么都不行。"换个角度想想:如果你整日不住嘴,他还需要说什么呢?

要知道,你的男人是个实用主义者。太多的词语飘荡在空中,他不觉得还有再加入进去的必要。而且,当你以为他不在意的时候,他两只耳朵之间的那个电脑正在快速地运转着。有时在回应之前,他需要时间考虑。如果你很急迫地催促他,他会倍感压力,立刻停止动作闭口不言。

结婚 40 多年后,我终于鼓足勇气正视着老婆的眼睛,对她说:"你很专横。"

她的反应:"我不是专横。我只是比你聪明一点。"

我还能说什么?很多时候,她是对的。

♥ 良好的交流原则

如果你希望在星期五获得一个全新的老公，下面是一些简单的原则：

把要说的话分成十次

如果说你能从这个章节领悟到什么，最好是下面这条原则：到达你丈夫的心和头脑的通路是等距的。如果你到达了他的头脑，也会同时到达他的心；如果你到达了他的心，也会同时到达他的头脑。

多余的词语会分散他的注意力。他不会说出来，但是心里会想：*你能否直奔主题？*

你丈夫使用的词汇量远少于你用的，所以不要像和女友交流那般详细描述所有的细节。他没有兴趣。他只想知道最关键的问题是什么，好抓住要点，立刻着手解决。

因此，如果你期望他想要整个儿的玉米饼，你和他都会失望的。男人的思维是直线式的，按部就班：发生了这个，然后是这个，然后这个……1，2，3。女性倾向于在对话中不断地重复。首先表述她们的感觉，然后东一下西一下地谈到发生的事情。按照这种方式，她们无法和直线思维的男人交流。男人只想知道到底发生了什么，你为什如此沮丧。女性可以追着跳跃的球到处跑,男人不行。

你应该做的,不是事无巨细地向老公汇报,而是言简意赅地把事情表达清楚。让他有机会表现自己,向你表示好意。男性乐于解决问题,破解密码,他们喜欢做詹姆士·邦德的感觉。所以请用简明扼要的语言告诉他,给他自由的空间去发挥。或者再做得漂亮一点,在他取得一些成效之后,抱住他,说:"嫁给你真幸运。你好聪明。"

请用《今日美国》的标题方式给他传达信息——简洁而必要。*告诉我问题在哪里。*你丈夫说,*当你正说的时候,我便开始对付它了。*

如果你问了一个问题,得到的回答是沉默。要么他是在看超级碗比赛,要么就是你太挑剔了,使他不敢轻易作答。在缺乏完整的事实基础和充分调查之前,他不会随便开口的。他很明白自己要说什么,以及准备如何说。

不要期望他读懂你的心思

"有时我实在很烦告诉他我想要什么,他为什么就不知道呢?"

请等一下。他真的不知道。他不是女性,不懂女性的思维方式。猜测你们的心思对他来说没什么好果子吃,因为他一定会搞错的。也许你已经告诉他自己想要什么,他要如何做。可是在他做了之后，你又说："那是我想要的，没错，可是我要不说你就不知道。你根本不关心我。"明白我的意思了吗？你那不爱冒险的丈夫可不会傻到去招惹你。他是你丈夫，不是一个读心术的专家。

因此，如果你希望你丈夫明白什么，说什么话，做什么事，问他便可。不要玩花样。直截了当，带着尊重。

要是你想出门度个周末，暗示是没有用的。径直走到他面前，说："我跟你说，我想做点什么……"抚摸他，凝视着他的眼睛，不经意间把你心里的广告词灌输在他脑子中。

不要问无关紧要的问题

如果你已经知道答案，就不要再问了。

"您在说提醒他早点倒垃圾那种事？"

是的，如果垃圾桶在外边，很显然是他早就放在那里了。

你曾听到过你老公这样的解释吗？"当然是我拿出去的，因为是假日呀。我看过通知，放假的时候他们来收得早。你以为我愚蠢到不知道该什么时候倒垃圾吗？我可是一年做52次这样的事哦。现在你却来审问我？天哪，你一点都不尊重我。"

讲述，不要分享

如果你想告诉你丈夫一件事情，直接说，不要分享你的感受。

跟他讲："狗又去喝马桶里面的水了，把地毯弄得湿漉漉的。怎样才能制止它呢？"不要说："我简直要疯了。我真是不敢相信，那条狗……哦，把所有的地毯，又弄湿了。这已经是这个星期的第三次了。它还在喝马桶里面的水。我觉得我们实在不应该买它……"如此这般的叨唠不停。

告诉你丈夫问题的关键，寻求他的帮助。"今天学校老师给我电话，提姆斯在考试中作弊被抓住了。"你说，"我需要问你点事。你觉得*我该怎么做，你该怎么做，我们*

男性谈话密码

当他说……
- "好吧。"意思是他感到生气。
- "随便。"可能的意思是（根据身体语言和语气判断）"这个和我没关系，你怎么做都行。"或者"反正你也不会听我的，干吗还要为此吵架呢？你随便吧。"
- "现在不行。"意思是"我现在不愿意想这个事。现在不想和你谈这个。我要考虑考虑。给我点时间。"
- "好吧，如果这是你希望的。"意思是"咱们以后再说。你根本不听我的。我已经厌倦尝试自己的想法了，所以你爱怎么着怎么着吧。"小心，他在开始玩"翻斗车，翻斗车，谁有翻斗车"的游戏。你不愿意那样的。那是个恶性循环：你扔给他什么，他就回敬你什么。

该怎么做?把你的想法告诉我吧。"把问题讲清楚,你需要他做什么,然后走开,给他时间思考。

请用下面的角度考虑问题。女性天性愿意分享自己的感受,把事情的所有细节表述完整,而这样做会令你丈夫失去兴趣的。知道吗,当你开始说话的时候,他的第一反应是:"让我来解决它。"但是你并不总是需要解决某些事情。你只希望他聆听,对不对?要知道,告诉一个男人某些事情却不需要他去解决,就像在一条饥饿的狗面前摆了一根骨头,又不许它垂涎。不过只要你提前告诉他你的需要,他便能够收起那些天生的欲望。

只说一次,停止唠叨

如果你希望你丈夫做点什么,试着按照下面三个步骤,保证有效:

1. 只说一次。
2. 转身走开。
3. 忍耐住,不要提醒他。

举个例子吧。比如说周六下午6点,朋友一家要到你家里做客共进晚餐。可是后院被你丈夫弄得一片狼藉,你希望在他们到来之前能够收拾利落。你本指望他自己能够想到这一点，但是不幸没有。于是，早晨10点，你对他说："亲爱的，卓恩森一家要来吃晚饭，他们到来之前帮帮忙把后院拾掇一下好吗？我希望家里看上去很整洁，这一点对我很重要。"

典型的男性回应是点点头。如果再加一句，便是："好的。"

然后你去做别的准备了，却看不到他有任何行动，你开始有点焦虑，担心他忘了。他只是在车库周围溜达，对门前的草坪无动于衷。于是，如果你像阿平顿夫人——我可爱的妻子，会在半个小时后提醒他，"亲爱的，你要清理草坪了吗？"

"嗯。"他边说，边继续自己手边的活计。

过了几个小时，你的怒气开始上升。毕竟，已经下午两点了，还有四个小时客人就要到了，面对脏乱的草坪你会感到很尴尬。但是如果你想再次提醒他，那就准备看一张臭脸吧。他不会再帮忙了——以后也不会了。

你不了解男性的心态。他是这样想的：*早晨10点她叫我打扫庭院。OK，我会做的。我想先把自己的活儿在车库里面干完了。想想，他们6点到，我洗澡清理需要10分钟，所以4点钟开始去清理，时间足够。*于是他按照自己的计划开始做事。

你丈夫对你交代的事情是在意的。记住，他愿意取悦你。他会把你要做的工作列入自己的日程表。但是一遍一遍的提醒会降低他愿意为你做事的激情和乐趣。每次你提醒他，他都会想：*什么，你不认为我这么健忘吧？我当然会去做了。*

我们每个人都有自己的逻辑——我们看待生活的方式。如果你对丈夫说想和他在某个特定的时候在某个地方单独相处，大多数男人会记在脑子里面的。*OK，我们要在7点到那。那个时候的交通一定很拥堵——高峰期嘛。所以我们要6：10出发。*同时他也会规划好从A到B的最佳路线甚至绘制出地图。

他会把这一切想法告诉你吗？"顺便提一句，亲爱的。我们需要7点到那。为了让你高兴，我收听了交通新闻。我想如果6：10出发，从俄亥俄的出口上高速，我们可以早点到达。"

你能够想象你丈夫对你说上面的话吗？不可能。但是并不意味着他没有这样计划。

如果你抱怨他，提醒他，他会在心里转上几圈，跟自己说：*她真是不理解我，是不是？我知道该怎么做，我不需要她提醒。*

再举个例子，有一次我要带老婆桑蒂，去社保局（我到了需要考虑这些事情的年龄了）。真是再没有比她更像长子的了，走之前她一共对我说了三次，我们该走了。不是一次，不是两次，而是三次。我不需要被提醒，我很清楚路上需要花费的时间——25分钟。留意我的话，25分钟。

我们是截然不同的两种生物，只是我们仍然可以令人难以置信地相处下去。你说话的方式非常重要。

如果你想让你丈夫感觉自己是个傻瓜，不断提醒他该做什么和该何时做吧。嘴不要闲着，唠叨总是能造就出一个愤恨的丈夫。

别那个样子，相信你丈夫是个成年人，他就会表现得像个成年人。（当然啦，至少大多数时间会——我们心底那个小男孩一直都在的。）只需要和他说一次，然后由他的大脑去运作信息，完成下面的程序。

"可是，李曼博士，"你又说了，"如果我那样做，我最后什么也得不到。他就是不肯干。"

真的吗？你确定吗？何不在之后几天做个试验，看看能不能在星期五获得一个更快乐，更有用的新老公？

1. 只说一次。
2. 转身走开。

3.忍住，不要提醒他。

如果他还是不做，加上下面一条：
4.让事实教育他。

这些步骤对孩子们很有效（我也写了另一本书《周五收获新小孩》），对孩子们的父亲也同样有效。如果他没有做他该做的，事实会教育他。

例如，你叫老公在回家路上顺便把支票存到银行，以偿还明天到期的信用卡的贷款。他忘了，四天后你在他裤兜里面发现了那张支票。同一天，你接到银行的催款信，通知你信用卡的账单被拒付，你需要支付额外的费用——你的银行户头透支了。

你要自己了结这件事吗？你会不会立刻给银行打电话或者跑过去道歉，亲自处理它？你是否会给银行打电话保证马上去付一张新的支票？你是否会找到你丈夫，点着手指数落他："都是你的错。我跟你说了去存支票，现在看看？！"

不要这样，只需把他的支票簿和银行通知放在他的晚餐盘子旁边（或者任何他能够看得见的地方）。如果他叫你去处理，你的回答是"不"。你已经告诉他一次了，这是他要解决的，但是他没有，因此现在要为此负责。下次你再请他做事的时候，他肯定就会重视你的要求了，你说呢？

你不需要做评判，事实是现成的老师。

因此，只说一次就好。明确具体。给你丈夫一天去完成任务，给他时间去做（特别情况除外），给他需要做的原因。"亲爱的，卓安森一家今晚6点来吃晚餐。在他们来之前，我希望院子干净整洁，你不是说要在院子里面烤肉吗？你也和我一样，愿意草坪看上去漂漂亮亮吧？"

命令你丈夫做事，只能令他螃蟹般的爪子深深抓住泥土，一动不想动。他会本能地用男性原则回应："谁也别想指挥我。"没有男人愿意听别人的指挥，尤其是面对一位女性。这么说好像带有性别歧视，但是事实如此。

丈夫可以是愚蠢透顶的

你丈夫有时会表现得比较愚蠢，不要对他说："你怎么能那样想？"不要用厌恶的眼神看他。要注视着他的眼睛说："我还想听听你是怎么想的，多说点吧。"

关键是要让你丈夫说下去，你才能确知他的想法（这可是你的秘密）。

一位妻子跟我说，每次她想让丈夫为她做点什么，都会惹他生气，哪怕只是从她头顶上的碗柜里面拿点东西。

最后,她忍不住问道:"为什么你一点忙都不想帮我?"

"我不喜欢你命令我。"

她大吃一惊:"我不过是叫你从碗柜里拿出东西,那也算命令吗?"

"当然啦,听你的口气就是。"

"那我该怎么说好呢?"

他耸耸肩:"只要给我一张单子,我会去照做的。"

明白了吧——写一张"甜心的事"单子是有用的(只要不是长得可怕),男人既可以知道要做什么,又不会感觉受气。

记住奶奶的老话:"用糖捉住的苍蝇远比用醋多。"她是对的。

别忘了照顾到你丈夫的需要,他希望自己在你眼中是合格的。所以你可以说:"我知道你今天很辛苦,一直在忙着工作,而且又是星期六。可是我们今晚有个约会,我要求的可能有点多,不知道你能否挤出时间帮个忙。我真的希望在你烤肉的时候,草坪是干净整洁的。如果你太忙,我就另找他人了,只要告诉我就好。"

这样说的目的是把球发到他的半场上。大多数男性会更愿意自己动手,而不是付钱让别人打扫院子、给狗洗澡,等等。

> **9 种引起丈夫注意的说话方式**
>
> "亲爱的，帮我看看这是怎么回事。"
> "我一点头绪都没有，你必须帮我。"
> "能把你那个聪明的，富于逻辑的，直线思维的脑袋借用一下吗？"
> "你真擅长……（自己填空）"
> "我真希望能像你那样思考。"
> "我在琢磨，你觉得……（自己填空）会是一个好主意吗？"
> "我很抱歉，原谅我好吗？"
> "我不能完全跟上你的思路。"
> "你觉得怎么样？"

你对丈夫说话的方式不同，得到的结果就会不同。他希望那是他自己的意愿，不喜欢时刻被你提醒。最重要的是给予他信任。你要相信他会按照你说的去做，不要像提醒孩子似的提醒他。他不是个 6 岁的孩子，他是你丈夫。

学会理性回应，而不是感性回应

有理智的时候，你能够很好地审视局面，决定应该如何，然后照着去做。失去理智的时候，你的情绪控制了大脑。在太多的婚姻之中，配偶之间更多的是情绪化的反应，而不是花时间进行理智的沟通。

比如，你叫丈夫去修洗碗机。告诉他一定要在星期天以前修好，下周将十分繁忙，你无暇顾及其他——包括没有时间用手洗碗。星期天到了，星期天过去了。星期三又到了，情况照旧。你会不会给他打电话，责骂他："你答应修洗碗机的！"你会不会在晚餐时分和他冷战? 不要那样做，打电话叫个修理工就好。

你丈夫也许非常迟钝，但是当你又把碗碟放入洗碗机的时候，他会发现有什么事发生了，自然会问："洗碗机，好了？"

"是啊。"你可以回答，"我今天请人修了。"

他看上去有点困惑。"请人修？"

"嗯。我要用，所以就找了个修理工。他很快过来了，账单在桌子上。"

你说完（用很巧妙的方式），然后转身离开。不要滔滔不绝地抱怨他："你应该自己修的。否则也不用花 180 块了。你就是懒。"只需要把事实摆出来，然后走开好了。问题已经解决了。

很可能，他会想：*嗯，她叫我修理，可是我没干。她也没生气，自己处理完事。*

我打赌,下次你再叫他做事,他将很快搞定。每个小伙都愿意在得到其他人的帮忙之前自己解决问题。他需要知道你愿意给他一个机会去做事,而且不会纠缠不休。但是他也必须明白,你不会为自己的所需永远等下去。

一点现实的教育,对星期五获得一个新老公将有很大帮助。

再举个例子,你老公准备下班后去接女儿回家,这样你可以有时间做完工作,然后7点钟一起去参加他的工作晚宴。可是他忘了。学校给你打电话,你只好自己去接女儿。6:30,你丈夫回到家问你准备好了吗?(他真应该多了解一点。你刚刚像实验室的药剂师般忙活完家务事,又冒着大雨把女儿接回家,一切看上去就像猫咪的玩具一样乱糟糟的。)

你可能会很生气地回答:"我*看上去*像准备好了吗?"或者"没有,因为我必须去接*你的女儿*回家,既然你忘了。"

或者,你可以深吸一口气,然后平静地说:"亲爱的,我还得洗个澡。差不多还要40分钟我才能准备好出门。"当他惊讶地瞪着你时,直接告诉他,不过要温柔一点:"你没有去接米根,所以我被迫推迟了计划。我们只能晚到一会儿了。"

男人不会喜欢在有关工作的场合迟到，一次教训就够他记住了。

如果在晚餐期间，丈夫因此责备你，回家后又想和你做爱，对他说不。"我现在没有心情干那个。整个晚上你都在抱怨我，至少我不觉得那样很浪漫。"

你晓得，除非 A 完成，B 是不可能发生的。在晚餐事件没有得到妥善处理之前，你不会是一个甘心情愿的性伴侣。

具体告诉他你哪里不开心。如果他不知道到底是什么让你沮丧，问题是无法真正得到解决的。

李曼问答

问：我再也无法忍受了。每次我叫他干点事，他都要发脾气。我说我需要他帮忙，我请他帮忙，可是啥也没有，好像我说的话就是空气。我要为他背黑锅，替他擦屁股。因为他什么也不管。他不说话，不帮忙，简直就是我生活中的一个包袱。我受够了，快点帮帮我吧。

安卓，马里兰

答：你丈夫每次不管你的时候，你心里会想什么？是不是这样：他根本不关心我。他不是真的爱我。对他而言我就是空气。我怎么嫁给了这样的人？

坦白说，你很可能嫁给了一个来自缺陷家庭的男人。也许他没有能力克服过去的自己，但是更有可能的是，他并不清楚他对你的缺乏帮助，实际是向你发出了一个信息：他心里没有你。

我建议你找个时间，和他坐下来谈谈，不要犹豫，直接对他说："今天我想让你帮我做点事，但是你拒绝了。每次你这样做，我都会感觉你一点都不在意什么对我是重要的，你不关心我。如果真是这样，我要做些不同的安排。如果不是，请你改变你的做法。这样下去不行。我不管你是否乐意，反正我不高兴。也许你觉得一切都挺好，我晚上给孩子盖被子，我督促他们写作业，我给你洗衣服，我带你妈妈去医院，所有这些事情都是我干。现在我不愿意了。我觉得被忽视了，得不到尊重。我不想再这样继续生活下去了。"

这种对话是很不容易的，因为结果有时令人满意，有时不然。如果他真不关心自己是否融进了你的生活，对你不上心，你是希望现在知道还是等上二十年再说？也有许多时候，这个令人震惊的事实能够创造一个奇迹，敲醒那个一直生活在自己的世界里面，对你的需求没有意识的丈夫。但是无论哪个结果，你必须都要清楚。

软化你的语气

当你有理由确信他没有如你所想的那样看待事物，需要和他对着干时，请用下面的方式开口："也许我不很清楚这件事情，但是我觉得在我们增建房屋之前，你最好能再和罗杰谈谈。"你是聪明的——你承认自己也许不了解，这可以减弱你丈夫的逆反心理。"你知道我对这类事情不擅长，但是我觉得再找罗杰办会好一点。只是为了确认一下预算是否合适。当然，我也许又完全弄错了。"这种不催促的态度会保证让他听进去。

选择说话的时机

如果有重要的事情需要和丈夫谈，一定要瞅准时机。一场橄榄球比赛的最后一局，绝对不是个好时候；其中一人刚付过账单的时候也不对，特别是如果你或你丈夫正在想：*不知道这个月会不会超支*。在那种时刻提问，很难得到你希望的答案。

削减"甜心的事"清单

女人真是多面手，你们的大脑里面总是同时惦记着许多事情。工作、孩子、学校，各种压力堆在你头上，每当你想到各种需要对付的事情，就又会写下一张明细清单。

听我的话，把你丈夫要做的事情清单削减一些吧。最好一次只做一件事——不是因为他头脑简单，而是他每次只能聚焦在一件事上。告诉他："11月之前我想做件事。"你的意思不是说他必须现在做，而是给他信任，相信他会安排自己的时间帮你处理好这件重要的事情。能够把你的事情自由安排进自己的日程表对他来说很重要。

不要和女友谈论他

永远不要和女友谈论任何他做过的蠢事，不要和女友分享他对你提及的工作压力或者某些私人问题。这样做会严重瓦解他对你的信任——你才是他的唯一。当一个男人敢于分享，他只敢同你分享，而不是整个世界。尊重他，保护他的信心。你也不喜欢自己的隐私满世界乱飞，对不对？给予他同样的善意。

你*能*和女友说的是（他会欢迎这样的闲语）：他是一个多么不可思议的男人，他做的那些甜蜜的，有帮助的事情，或者他多么有思想。那些都是你的女友会告诉自己老公的。（很可能后面还会跟着一句：你怎么不是那个样子呢？为他们树立一个模范。）当那些人把话传回给你丈夫时，他的胸膛中会洋溢着满足感。*嗯，我真是很走运，我老婆真的觉得我是一个很不错的家伙。瞧瞧我娶了一个怎样的女人！* 那些闲语是可以为你男人创造奇迹的。

更进一步，为何不对着他的耳朵讲那些话？他会立刻为你做一个侧手翻的。

说话直截了当；不要让他猜测

有天我回家很早，想给桑蒂一个惊喜，带她出去吃晚饭。"你准备什么时候走？"我问。

"6点吧。"

"想去哪吃？"

"你想去哪？"她说，"你挑地方。"

"OK，那我们去汤和沙拉小吃店。"

"嗯，亲爱的，我不愿意再去那种地方了。"

"那么，意大利菜好吗？"

"不，我也不喜欢。他们的菜里总是放些怪怪的东西。"

说到此我有些恼怒了："那你说去哪。"

谈话又回到了起点。我只想知道她要吃什么，如果桑蒂早说她想吃鲑鱼，我会很清楚该去哪里。我们曾经在某个餐厅吃过鲑鱼，而且她赞不绝口。

同他讲话还是对他讲话

多年来找我咨询的女士们总是说她们想和丈夫交谈。但是当我再追问下去的时候，我发现她们的意思是"我想对着我的丈夫说话"。女性不明白，喋喋不休的话语能够把男人变成雪人。

还有一天，我和桑蒂正准备外出，一个朋友打电话说要过来一下，大概谈个15分钟。

"可以。"我说,"你过来吧。"

桑蒂把脑袋探进房间:"亲爱的,等等。不能叫他来。我们5点钟就要出发了。"

我看看表,还有一个小时呢。"亲爱的,是马克。他是个男人。如果一个男人说谈15分钟,就是15分钟。"

她耸了一下眉毛。

这是事实。一个男人总是说到做到。相比女人,虽然嘴上讲:"我只是路过进去坐几分钟。"反正我知道,每当我老婆那样说的时候,我都要在商店门外的椅子上等好久。(幸好我的许多工作可以通过电话搞定。)知道我为何愿意那样做吗?因为我了解,哪怕桑蒂在忙着购物,哪怕我对此毫无兴趣,她也希望我陪在她身边。这个时间是值得的,你说是不是?

不要看低他

"听着,李米,这个非常重要。我要你去帮我买一个柠檬蛋派和南瓜派。李米,听清楚,别弄错了。一个柠檬派和一个南瓜派。"我夫人举着食指说,完全是一副长子的派头;就像一名教师在对待一个6岁的孩子。但是前天她已经说过这件

> **提 醒**
>
> 告诉他:他是你的男人!这样会令他远离其他女人。

事了，为买什么派下达了详细的指令，我不需要再听一遍。

你丈夫有些时候会表现得像个孩子，但是他不愿意被视为孩子。

不要哭泣

女性是被荷尔蒙左右的。（我必须这样说。）从10岁发育开始，她们的情绪就扭曲了。李曼·桑蒂"博士"，她在与5个孩子和一个有40多年从业经验的咨询师老公相处期间获得了这个学位，说："女人最可怕的年纪很可能就是10岁左右。"她的话有一定道理。在那个向青春期的过渡时期，她们的身体在变化，她们的荷尔蒙在变化。PMS（月经前不快症状）就是证明，那可不像某些理解错误的男人认为的，是某种神秘事件（你懂的，是吧）。

我不是说男性没有情绪化——在钓鱼季节，打猎季节，橄榄球赛季，冰球赛季，他们都是很冲动的，不过那有点不一样。观察一下两组孩子在放学后校门口的表现吧。两个十岁的女孩会做什么？走在一起手拉手，脸对脸交流，分享彼此的感受。而两个10岁的男孩呢？互相拍着对方的脑袋，叫着："看见没，我比你能干吧？"年轻的小伙子也并不"分享"彼此的感受，他们只是表达出自己的情绪。

回顾一下我们之前谈到的。女性在婚姻中最需要的是什么？感情。这个在男人的清单里吗？没有。他们需要被尊重，被需要，被满足。你们对感情的需要涵盖面太广，这也是为何只要你得不到丈夫惯常的肯定，家里的一切都会变得不对劲。

但是请不要太情绪化，那样会吓住男人们，使他们罢工。眼泪会令男人感到无助，不知道该怎么办。实质上，你让他觉得自己很无能。眼泪天生与他无缘，虽然许多女人试图用泪水影响一个男人。

哭泣是没用的。你丈夫只要一看见你流泪，心里会感到很不舒服。*哦，那是不是我引起的？如果是我干的，我最好还是快点走开吧。*大多数男人不会说："亲爱的，是我让你不快吗？对不起啊。"他们只会赶紧溜掉，想着：*她又怎么啦？我先去看会儿电视吧，等她好点再说。*

如果你让一个男人感觉无助，他就要罢工了。记得吗？他很想取悦你（你看过书里关于这一章了吗），但是他会由此感到灰心，因为不知道该做什么。他害怕即便尝试了，也达不到你的标准。对于他来说，不能正确地处理事物就像有人说你肥胖丑陋，心里会非常介意的。

你那强壮有力的，可以挑很沉的担子，可以把孩子们抛到空中又接住，可以拉走一棵大树树干的大丈夫，在情感上是非常脆弱的。所以他的朋友才屈指可数——许多时候只有你。你的话对他影响很大。

现在，确实有些男人不懂这些。他们对女性的需求和感情是如此忽视，就像在眼科医生的诊室里面看不到离他们只有一尺之遥的，挂在墙上的视力表上面那个大大的E。这种男人我见多了。他们是完全的不拥抱主义者，就像一棵屹立笔挺的树，一点都不弯。我就有这样一位朋友，当桑蒂热情地拥抱他时，他只是站在那里纹丝不动。这种类型的男人犹如一台机器人，僵硬而且机械，和他们相处会感觉无聊透顶。他们一天天做着同样的事情，用同样的方式给草坪割草。生活对他们而言无非是一些坐标纸和停止信号，一成不变，完美主义是他们的代名词。

如果你嫁给了这样的男人，该怎么办呢？你可以敲着他的额头说："喂，喂，有人吗？"如果他坐在我的办公室里面，我会告诉他："外面有个派对叫做生活。如果你想得到一张请柬，这就是。为何不去经历生活的多姿多彩，享受其中的苦与乐——与另一个人息息相关的高潮和低谷？为何不去冒险尝试拥有一份亲密关系？"

问题在于，这种类型的男人很可能会说："我不知道为什么要来咨询。我喜欢我的生活。"是啊，他待在自己织就的茧里面很开心。他喜欢自己是那副模样。很有可能，他就是那个和你结婚时的他。

于是问题变为了：你当初为什么要嫁给他？是否因为你总是觉得不安全，所以宁愿嫁给一个生活刻板的男人？几年之后，那个需求减弱了，对吗？

你现在可以做个选择，大部分女性在这时候会抛弃那个傻瓜。毕竟，只有一个人为婚姻制造乐趣实在让人感到厌倦和疲惫。而且大多数这种机器人般的男人很有脾气，自以为是，目空一切。这样的人很难改变。

但是我希望你能够在做决定之前考虑清楚。*你当初选择嫁给了这个男人，你是否准备努力过好自己的日子，全心全意地生活？*尽管你没有拥有理想的伴侣，但是你仍然可以竭尽全力从家庭生活中，你的孩子，你的孙子们那里获得乐趣。

不要操纵

打个比方，现在你正环顾卧室，觉得某些东西有点破旧。你看上了一床新棉被和床单，价格是 500 美元，你知道那个吝啬鬼丈夫才不会答应买呢。

然后你发现他刚给自己的卡车换了轮胎。你不认为那很必要，但是他也没有事先征求你的意见。于是你问他："那些轮胎花了多少钱？"

你丈夫被吓了一跳，猝不及防地说："哦？嗯，每条165美元。"同时有点摸不着头脑，*她为什么问这个？* 毕竟，他上网搜了4家不同的商店才搞到最好的价格。冬天要来了，这是个不错的决定。

啊哈，你想，现在看来是买那条新棉被和床单的好时机。既然他能在轮胎上花600美元，我也可以在卧室花500美元。

这就是操纵。你丈夫不会乐意如此。为什么不试试更好的方式？直接告诉他你的需要和期待。

"亲爱的，我那天注意到咱们的被罩太旧了，都破损了。我很希望卧室看上去漂亮整洁，那对我很重要。我走了几个商店比较价格，终于找到一套我喜欢的，要500美元，我可以买吗？"

> **聪明的建议**
>
> 约会的时候睁大眼睛，结婚之后半闭上眼睛。

你们中的有些人要冲我叫唤了："李曼博士，你是生活在恐龙时代吗？为什么女人买东西还要得到丈夫的*许可*？特别是他也没有在买东西之前征求她的意见呀？"

请允许我问一句：你的婚姻对你意味着什么？你是否希望在星期五得到一个全新的老公？如果是，请听我说下去。婚姻不是一个谁赢的游戏，婚姻是两个人共同参加比赛。如果你需要花两分钟和你丈夫沟通，你的婚姻和获得一个幸福的老公难道不值得花那两分钟？他不对你讲换轮胎的事情，或许是因为他已经做好一切准备工作，而且有关汽车、轮胎和此类事情你了解多少？他并不是有意要去操纵你，他只是做了男人很擅长的事情——解决问题。

但是如果你想操纵你丈夫，你就在婚姻中越界了，他有权生气。不要那样做。你是个聪明的女人——你会想出办法的。你能失去什么呢？一个幸福、满足的老公什么都会愿意为你做，包括去商店把床单费力地给你带回来，甚至帮你铺到床上。

他说不，就是不

如果一个男人说不，女人能不能随他去？大多数女人不会的。

"哦，亲爱的，今天高不高兴去看看那个？"老婆说。

"不。"老公说。

于是老婆开始甜言蜜语地哄骗："去吧，你会喜欢的。"

老公坐在那里，拉着脸，心说：*不行，没用。我就是不去。就这样。*

如果你丈夫说不，你能否随他去？不再强调理由或者问他为什么？尊重你丈夫，尊重他说不的权利。

如果你想去哪里或者想做什么，为什么不这样开口：

"我尊重你的不就是不,但是我去那里待一会儿好吗?"

"等等,李曼博士。"你们中的有些人要问了,"您是在说女人做事前要征得丈夫的同意吗?您有没有听说过妇女解放运动?"

我的意思不是说你需要得到他的允许才能出家门,而是对你丈夫说:"如果你不想去,介不介意我去?或者你有更好的事情我们俩可以共同做的?"这不是获得*许可*权的问题,这是一个礼貌的确认。

婚姻全是与相互尊重有关。

♥♥♥♥♥♥♥♥♥♥♥♥♥♥♥♥♥♥♥♥♥♥♥♥♥♥♥♥♥♥♥♥♥♥

女人的话:

我是个擅长分析的人,我很明白这一点。我习惯于质疑我丈夫说的话。但是听了您的演讲之后,我意识到其实我在告诉我丈夫:"我不认为你能够独立为家庭做出决定。"在此后六个月,我试着努力有意识地去给予他信任。很奇怪,我感觉到放松,与丈夫的关系越来越亲近,他也比之前更能帮上我了。上周他甚至送了我一束玫瑰,而那天既不是我生日,也不是圣诞节,或者情人节,只是个平常的日子。谢谢您帮我们走上了正确的道路。

南希,犹他州

不要只是装样子

某天我和桑蒂在红磨坊吃一顿营养午餐。有一对夫妇和我们同时进的餐厅,我们点的沙拉也在同一时间上桌。当我吃完了的时候,他们还在继续。你知道吗?整顿饭他们一句话也没说(不算点餐的时候)。我的意思是:什么也没有,连一句闲谈都没有。

用餐的时候,你可以抬头四处张望一下,会发现许多夫妇都是如此。他们不面对面地倾心交谈,只是装成已婚的样子。

你难道不希望和你的配偶心灵沟通吗?如果答案是肯定的,你的男人需要被尊重,被需要,被满足。他希望知道,当他说话的时候,你会认真倾听,赞赏他的意见是合理的——即便你并不认同。这种做法将在他心中播下一颗渴望的种子,在你想要交谈的时候,他会愿意取悦你,回应你,倾听你。

女人的话:

我俩都脾气暴躁,一直在婚姻中怄气。一次我问菲利浦:"为什么?"他说:"也许你该问问你自己这个问题。不过好像你在质问我啊。"我们"讨论"(OK,还是称呼为"争吵"吧)后第二天,在一个女性午餐会上我听到您的演讲。您说要把"为什么"三个字从词典里面去掉。回到家之后,我真的试着去做了。每次它们从心里冒出来,要咕噜出口的时候,我都尽力咽了回去。菲利浦注意到了我的变化,昨晚他对我说:"现在你不再问我为什么,我更喜欢你了。"

杰西卡,卡罗来纳

♥ 谈话杀手

如果你想终止一场很好的对话——或者任何交流的可能——与你男人,下面这些词语每次都能奏效。

为什么?

如果你想把一个潜在的对话扼杀在萌芽中,只需问你丈夫:"为什么?"瞬时便将激起他的防卫机制。

"但是李曼博士,"你说,"我希望鲍勃能够和我分享他的感受及想法。这样我会觉得和他很亲近。"

如果你男人不愿意说话,可能存在着一个为什么。那也许就是因为你在问"为什么"。当你丈夫跟你说话时,问他"为什么?"就是在用鱼雷攻击他的交流欲望,就好像在说:"OK,我觉得你很笨。你不能自己解决问题,你会犯错,最好给我解释下原因我好帮你。"

又晕了吧?男性的自我比你想象的要脆弱得多,很容易被摧毁。男人极其重视自己解决问题的能力——这是他的天性——一句"为什么"会让他感到丧失了男子气概。

现在明白为何每次问他为什么,他都要上火了吧?他的无奈和火气表明他在疏远你。他在说:"离我远点。如果你不相信我能够自己解决,我也无法信任你。"

这时候你会怎样呢?"那好吧。"——你两手一摊,跟演戏似的——"我只是想帮个忙,怎么像在对着一堵墙说话。"

看到了吧,质问你男人只会令他变得像一堵墙。面对任何对他的男性自我的隐性质疑,他都将闭紧嘴唇。

换个方式,试试命令的口吻。我知道有人告诉过你们这种口吻很不友好,但是你男人不会那么想的。如果你说:"再多说一点呀。很有意思啊。"你的话语表示出对他的兴趣。当然啦,如果对你丈夫向树投出两个铁丸很难感到兴奋,你也无须多说:"你一定觉得把那个铁丸投过去很开心。"你选择这样的说话方式,无非是在告诉他,*我关心你感兴趣的事情,我关心你。*

这样做能让你成为他的得力助手。

女人的话：

我做了。我闭嘴了。我不再问他（还有我儿子）盲目的问题，比如："今天过得怎么样？"开始我很不习惯家里的寂静。（让我明白了以前我是多么爱说。）然后就像变魔术一样，在我沉默了三天之后，我丈夫突然开口了，和我分享他在工作中遇到的事情，后来又渐渐说到一些有意思的话题。他对我们夫妻关系的感觉，我们将来的金融计划，甚至分享了一些令他害怕的事情。谢谢您的建议。我们现在比前七年感觉更亲近了（这是我的第二次婚姻）。

梅琳达，密歇根

你总是/你从不

"你总是迟到。你到底怎么回事？"

"你从来不干我叫你做的事。"

使用"总是"和"从不"这两个词，会把任何一场谈话变成一台"独角戏"。如果你常说"你总是/你从不"，表明你的婚姻中存在竞争。如果某人在婚姻中赢了，其实意味着两个人都输掉了。因为婚姻绝不是一场比赛。请把这个词从你的字典里面划掉，你会为自己的决定感到高兴的。

你应该

女人认为男人应该如何，但是男人不喜欢被应该如何。如果你能对丈夫少说 20% 的应该，你的婚姻质量将会大大提高。男人不喜欢别人质疑自己的选择，哪怕是很小的事情。这就是我要说的。

我曾经听到两三个女人花了 15 分钟的时间研究菜单。她们讨论食物的味道，同时又考虑价格、脂肪含量、每日摄取的蔬菜量——说到一样就展开一个全新的话题，药草疗法、添加物，甚至蔬菜菜谱。

我从来没有听到过男人这样谈话，你呢？男人做出决定后就会一直坚持下去，我们喜欢我们喜欢的。

每当我和桑蒂在红虾餐厅用餐，我都会点椰子虾配酱和菰米饭。如果在克鲁索，我会点卤汁面条。从 1962 年在那里就餐开始直到现在，我从来没有点过别的东西。既然那很美味，为什么要冒险尝试别的呢？

可对桑蒂来说自然不够，她有次问我："为什么你不试试别的？"（注意这个词：为什么）

我就像任何其他男人一样，觉得被冒犯了："那么，我如果试试换个老婆，你会怎么想？"

她的眼睛瞪大了。

我又加了一句:"我总是喜欢一样东西,你不觉得这样挺好吗?"

哦,好处体现出来了,在生气的时候,嘴里有东西吃。

如果我们去另一家餐厅,奥斯汀,我总是点烤火腿和奶油三明治配番茄汤。在那里,桑蒂又说过一次应该:"你应该试试这个。"她指着一个菜单上一个不同的菜品。

"我不喜欢。"我说。

"试试看嘛,如果你点了,我也可以尝尝。"她按女性的逻辑方式说。

"如果你想吃,为什么不自己点?"我用男性的逻辑回答。

看看,女人喜欢分享食物,而男人更喜欢独占。如果两个男人一起用餐,其中一个绝对不会从另一个人的盘子里面抓取食物,就像六月下雪一样不可能。"你点这个,我点那个,然后我们可以分着吃。"这绝不是男人的做法。

李曼问答

问:当我在电视上看到您的演讲,我很明白您讲的关于男人和女人的区别,但是对我来说还是无济于事。我需要和丈夫交流,我需要他的关注,可是得不到。我该怎么办?我不喜欢待在一个无法获得关注的夫妻关系中。如何才能令我丈夫敞开心扉,成为我喜欢的那种男人?

玛丽,加利福尼亚

答:你是对的。为了维系一场婚姻,你,一名女人,确实需要丈夫的交流和关注。但是你要知道,你丈夫从你那里获得了怎样的关注?你是不是一个很挑剔的人?是不是每次他想交流的时候都被你阻止了?你说不愿意再继续待在一个无法获得关注的夫妻关系中,说明这种情况已经持续很长时间了。现在的你非常渴望得到关心,但是不能通过哀求或者威胁获得,那会令他罢工的。他很可能是一个不懂如何表达情感的呆子(许多男人就是这样),经过训练才能了解女性的需要。

这个礼拜尝试做一些改变。鼓励你丈夫说:"哇,亲爱的,那件事你做得真棒!我很欣赏。"他需要这些话语证明他养家糊口的能力。注意不要做得过火,比如说什么"我的上帝,你是世上最好的人"。要做得像注意到孩子在考试中取得了好分数,走到他身边祝贺他的成绩一样。不要说"你是全世界最棒的孩子",把焦点放在事情上。

你的大家伙需要听到有人说他做得好,在生活中表现得好。这个人就是你,必须是你。不是他的同事,不是他妈妈,不是他的邻居,是你。从说一些友好的话开始,看看它们能否领你走进你丈夫的内心世界。

但是

这是一种瞬间的反驳,立刻便能中断对话。你丈夫正在发言,然后你说:"但是,那不是实情。"因为你大脑的处理速度非常快,更善于思考,在他发现之前一眼就能看到他论据中的缺陷。但是如果你那样做了——提前起跑或者提前下结论——不听完整个场景,你很可能会错过一个他准备说出的很重要的观点。

不认真倾听,只是臆测他人的想法是很不礼貌的。一旦说出"但是"两个字,你便失去他了。你丈夫很聪明,知道在但是以后的内容,会抹杀他之前所说的一切。那是个风向变换器,是谈话杀手。"我很想帮你,但是……"

所以当这两个字到你的嘴边时,尝试换种说法,一种能够像交流伟哥一般加深双方亲密感的说法。

"再多说点。"

"哦,那可真有趣。"

"我知道为何你会那样了。我现在也感觉到了。"

"那可太令人泄气了。"

"那听上去太不公平了。"

上述这些小句子能够促进交流,推开通向他心扉的门,而不是关上它。

♥ 真心渴望你丈夫的关注吗？

径直走到他面前，站稳，让他看到一个大大的人形，然后稍微后退一步，注视着他的眼睛说："我有点事要告诉你。我爱你爱得发疯，我真的有些很重要的事情要和你谈。"说话的同时一定要抚摸他。

你碰他或者吻他的那一刻，他会想：*哦，好家伙，今天真是我的幸运日。很快我就要在床上翻云覆雨了。*

你们中的某些人一定又要说了："李曼博士，您真粗俗。为什么一谈到男人就要提及性呢？"请坚持一会儿，下一章我们会讨论那个问题。如果你希望在星期五获得一个新老公，你必须了解男人的想法。

每当你深深地吻住他的嘴唇时，你就引起他的注意了。他会对自己说：*好家伙，接下来会是什么？* 然后，温柔地顺便向他宣告："刚刚花园俱乐部打电话给我，请我去帮他们做装饰，但是我还需要带卡西去她的朋友家。我实在无法兼顾。我知道对你来说这也是个麻烦事，能不能帮我去送卡西呢？"用这种语气说话，没有一个自尊心强的男人（功能障碍的男士除外）会拒绝他妻子的请求。

如果希望你丈夫不断说出自己的想法，只要轻轻地拍着他，背上——或者前面，性质相同——任何形式都可以。

他会先讲一点，观察你的反应，然后决定是否继续下去。只要你一批评他，他就立刻住嘴了。最好的方式是只听不说。在他完全讲完之前，不要质疑任何他说的东西。接着，如果你有什么观点，你可以提出来——再一次，等他说完。

摩挲着他，引导他说出自己的感受，他会跟你分享许多你意想不到的事情。有时，背部的轻抚或者一份喜欢的甜点能够帮助他更好地敞开心扉。凝视着他，用第三只耳朵——你的心——聆听，你会惊讶于自己的发现。小心不要太深入他的想法，我们大多数人不会想得那么深。

投资回报

● 为你丈夫做一件事，得到他的3个善意举动。
● 为你丈夫做3件事，得到他的7个善意举动。
你不觉得这是一桩很不错的买卖吗？

❤ **你真心渴望从新老公那里得到什么？**

某天我在堪萨斯州的一个教堂里面演讲。当我向听众讲述自己如何给女儿送上一束玫瑰和一张小卡片，告诉她我是多么爱她的时候，一名女性听众意外地发出长长的叹息:"啊……"

"嗨,听到我做了什么吗?"我问一名男性听众,"如果你为妻子做了某些甜蜜的事情,她也会为你发出那样的'啊',渴望你听到的。而且很可能还有更多的好事等着你。因为你触动了她的心。"

你想拥有那种类型的丈夫,是吧?尽心尽力取悦你,对你温柔又甜蜜。可惜男性天性并不如此,尤其是在婚后。婚前,为了"找到那个女人",他的焦点自然都放在竭力表现出自己好的一面。既然现在拥有你了,说明他的任务完成得很漂亮,对不对?你应该感到骄傲,你值得他为了找你付出的所有努力和注意力,虽然有时他并不表现出来。

一个丈夫有点像一只实验室的小老鼠,在迷宫里面跑来跑去。你知道,就是那种有许多岔路的迷宫,老鼠必须选择走哪一边,左边还是右边。在经历许多尝试之后,老鼠很快发现每次向右转,脚会被电到;向左转就不会有那种奇怪的感觉,而且到达终点后还能得到好处——一小块食物。它当然每次都走那条路,知道在哪里要转弯,全神贯注在如何取得好处上。

如果改变规则,老鼠会怎样呢?如果你在它向左转的时候电击它,终点也不放任何食物。老鼠会盘算:*嗯,看来事情发生了变化,也许我必须走右边才能得到好处。*于是小老鼠会改向右转，食物果然在那里。以后它都将走右边了。

如果把老鼠放进迷宫，无论他走哪一边，你都电它一下，会发生什么情况呢？它将不知所措，很快就会停在迷宫的交叉路口，疯狂地转圈。脚下时不时受到电击，令它不知道如何是好，感到灰心丧气。

老实说，许多丈夫便处于上述情形中。他们躲起来是因为发现无论怎么做，无论在哪里转弯，都会受到电击。于是他们再也不想尝试了。

你是聪明的女人，是出色的语言大师，是这个世界的大奇迹。你可以每天围着你丈夫转，耐心地小心翼翼地培养他。他正像那只实验室里面的老鼠一样不得其所，希望知道如何做才好。你就是那个能够用语言给他提示的人，你肯定的话语对他的鼓励远远超乎你自己的想象。

女人的话：

非常感谢您对夫妻们的建议。我家里发生的一切也证明了什么对男人来说是最重要的。我丈夫去年12月去世后，为了找一些重要的文件，我发现了一个从来没见过的结实的箱子，里面存满了十年来我给他写的卡片和纸条。许多时候，我那个安静腼腆的丈夫从不表现出他对我的需要，但是现在我再也不怀疑了。他给我留下了一份多么令人惊喜的爱情遗产！如果人们能早点了解这些……但愿我也如此。谢谢您帮助人们这样做。

莫，明尼苏达州

一天，我遇见以前的一位同窗和他妻子，我们谈论起婚姻。那名女士注视着丈夫的眼睛，伸出手越过桌子抚摸着他，说："你知道我们为什么这么开心吗？全是因为你！"在太多夫妇只关注于"自己"的年代，这真是一个少见的甜蜜的时刻。

现在有一对夫妇我可以保证7年后在离婚法庭上见不到他们。我甚至能够想象他们在结婚50周年纪念日上的样子，两个人手拉手一起坐在门廊的秋千架上，带着满脸的皱纹。你知道他们是谁。

星期三的事情

1. 给他关键点,不是整个儿的玉米饼。
2. 不要问"为什么"。
3. 给他时间思考你的信息。你的处理器可能速度很快,但是从长远来看,不见得更有效。
4. 记住:他是你的爱人,不是你的女友。(仔细想想,你真的需要那个24小时唠叨不停的女友吗?)

星期四

想象他是一只海豹,在追逐一条三磅重的鱼

星期四

想象他是一只海豹,
在追逐一条三磅重的鱼

为何同丈夫做爱,对于了解他是谁,他将如何满足,这件事对你意味着什么,都非常重要。

你到动物园参观过海豹的行为吗?它们是很有趣的生物,极度渴望聚光灯,愿意做出任何能够吸引你注意的行为。瞧,如果它们知道饲养员手里攥着一条三磅重的鱼,看看它们能做出什么⋯⋯

瞧见了吧,都是那些奖品惹的祸。海豹为此而生。它们沉浸在观众的赞美声和掌声中,还有那条表演结束后奖励给它们的鱼。

海豹和丈夫们很像。你难道不知道你丈夫一直在等着为你表演?实际上,他迫切需要一个机会。不需要太多鼓励,他就会为你上演他的拿手好戏。他当然喜欢每天都能吃到一条三磅的鱼，不过有时候一条六盎司的河鲈也很美味。在某种程度上，他会收下你给他的一切。但是如果你只扔出一点残羹剩饭，他会以最快速度摇晃着游开的。

为你和孩子们（如果有的话）表演是男人们的生活动力。他愿意成为一名好丈夫，他愿意成为一名好父亲，他需要的只是一点点鼓励。退后一步，好好看看他为了养家糊口，是多么富有适应能力和坚持不懈的精神。也许他无法似你那般一件接一件地完成任务，但是他会像后背着了火一样拼命前进。

当我说到表演，并不是指你丈夫在洗澡时做的动作。（我结婚40多年了，或许你以为我老婆喜欢我的表演，要不我怎么一直没有停止。不过我早就知道相比我著名的毛巾秀，她其实更愿意听合唱团唱圣歌。）

你——只有你——能够释放你男人的能量。他正准备献给你，迫不及待地想献给你。表演就是他的一切——为你——他已经准备好上演一场难忘的秀。

"李曼博士，"你说，"又来了，你在说性吧。"

是的，我是在说性。同时我也在说，如果你令他感到被尊敬、被需要和被满足，你丈夫将表现得犹如一颗永不生锈的螺丝钉，又如同一条逆流而上17公里去产卵的鲑鱼，为你工作到最后一息。他时不时地也会喘口粗气，但是你

将成为一名心满意足的幸福女人,拥有一名快乐的丈夫。

因此在这一章里面,我们要谈的就是性。同时我也会讲到用另外的方式和你的男人做爱,以及如何让他感到被爱。

如同在上一章我们看到过的那样,你是交流的蜂后,你丈夫在许多方面就像一只工蜂。他愿意照顾他的甜心,愿意做任何事情讨你的欢心。任何事情。你相信吗?所有你要做的,就是尊重他,表现出对他的需要和满足他。他需要感到特殊,感到受重视。如果他得到了这些,他将是那条海豹,在说:"把球扔给我,我会用鼻子顶它。除非你不再鼓掌,否则我会一直表演下去。"

♥ 引我起舞的音乐

还记得芭芭拉·史翠珊那首歌吗,《引我起舞的音乐》?没有?看来我是有点老了,但是我喜欢那首歌。你知道吗,你就是引你丈夫起舞的音乐?不是别人,只是你。

对男人来说,爱集中在下面的这些感受上,*她爱我原来的模样——包括所有的缺点和弱点。在她那里我感到舒适。我不需要成为另外的我。无论晴天还是雨天,她始终*

在那里等着我。

圣约翰，一个睿智的家伙，教堂伟大的圣徒之一，在圣经中提到过性。我记不住确切的词语了，下面是李曼版的意译："你丈夫的身体属于你，你的身体属于他。我希望你们去这样做。"如果你不相信，自己翻书去看好了。伟大的圣约翰接着说：婚姻中，你们要相互顺从。婚姻的意义不在于其中一方主宰另一方，而是*相互*顺从，*相互*取悦。[2] 对你们某些人来说，这个观点与你们在成长过程中受到的教育非常不同。

普遍而言，男性感到不被理解。当一个女人对一个男人说："你难道不懂吗？我需要在你生活中体现出我的重要性。我需要你和我说话。"你觉得那个男人会怎么想？*那你说我为什么要每天早晨6点出去工作，几乎要把脑袋往墙上撞了？我是为了你和孩子才这样做的。*你丈夫的职责天生就是养家糊口，和穴居时期没什么两样，负责带回咸肉（或者长毛象肉）。他也许不是世上最有思想，最善于交流的人，他表达爱的方式便是为家庭提供保障。这种努力耗费了大多数男性的生命。

你知道什么是对他的奖赏吗？性。在我的咨询生涯中，我发现一件非常有意思的事情：夫妻对婚姻的满意度基于他们性生活的健康程度。

我认识一名快递员,工作非常辛苦,每天十二个小时的递送包裹,供养他妻子和孩子生活。当他走过红毯,说"我愿意"的时候,他深爱着自己的妻子,但是后来出了一点问题。他俩来到我的办公室,很显然妻子对自己的丈夫很不满意。她觉得他满脑子都是性,她可不愿意一周为他服务三次。带着三个孩子,她哪有时间去顾及他,更何况那件事了。

一天,男人在投递途中遇见一位女士,每次接过他递送的包裹时都笑容可掬。因为她在家办公,所以他常常为她送快递。很快他便开始检查递送清单,希望再有机会看到她。这时候的男人就像一只渴望爱和关注的小狗。

不出六个月,投递员和那个女顾客有了一腿。为什么?因为她愿意聆听他,抚摸他,赞赏他,让他感到值得被关注。

这个家伙真的是无心的。他曾经是一名雄鹰童子军,从没想过会背叛婚姻誓言,躺在另一个女人怀里。这是他的原话:"不关性的事,我只是发现有人对我说的感兴趣。她愿意倾听我,我觉得她理解我。结婚15年来,我第一次体会到被需要,被欣赏。我内心很渴望这种被需要的感觉。当我和妻子做爱的时候,她总是令我觉得她是不得已而为之,心里并不乐意。"

"李曼博士,"你说,"您在为这个男人的行为*辩解*吗?

他背叛了自己的妻子!"

没有,我没有为他的行为辩解。每个人都有权利选择,那个投递员选择了毁灭性的方式,现在他和他的家庭都要为此承担相应的后果。我只是在*解释*他的行为,为什么会发生这样的事情。为了维持一段婚姻,男人需要知道他是被理解的,被聆听,被尊重,被需要,被赞赏。对男人而言,婚姻关系的满意度与性的满足感非常有关。

我做咨询工作很长时间了,记不起有任何一对咨询过我的夫妇说"我们的性生活很美满",然后想离婚。我从没有见过,听都没听过。和你爱的人进行亲密的身体接触,是项回报率很高的投资。

你是你丈夫的唯一。没有什么能替代和你在一起的时间。你丈夫是一个"恋爱中的人"(译者注:一首猫王的歌)。你要允许他释放压抑许久的能量。如果不是和你,还能是谁?

女人的话:

我从来没有把性看得很重,在婚姻中,性只是一件我要承受的例行公事。但是我,还有我的孩子们为此付出了代价。我和丈夫因为他的外遇两次分居。

一个朋友把您那本《床单交响曲》送给了我,不是我买的,我从来没有想过去买这种书。但是我朋友说,"不管你是不是喜欢读,既然你和萨姆分居了,这肯定能够帮助我们。"于是我看了,然后深深被打动了。尽管我的脑子还在和传统的性观念斗争,但是我仍然做出了努力,追求我丈夫(现在已经回家住了),给他惊喜。现在(真不敢相信我在写这些)我确实很盼望下一次和老公独处的亲密时刻。

因为我父母离婚了,所以我总是感觉脚下有块活板,不知道哪一天,没有警告便打开了,我成为离婚统计数字的一分子。但是从我决定要和萨姆做爱之后(卧室里面或者卧室外面),我现在确信我们不会再分开了。我们的孩子在态度和行为上也发生了很大的变化,我拥有了一名更加快乐的丈夫。当然这需要花时间反省和做出努力,但是现在好日子——没有压力的日子——越来越常见了。我十分感谢那个到书店买书给我的朋友。那本书对我,我丈夫,我整个家庭而言,简直就是一个生活转换开关。

安妮,内布拉斯加州

❤ 性对你有多重要

作为男人,结婚十余年后,我才发现性对于女人来说不是最重要的。当时我正和桑蒂一起散步,我问她:"你看上我什么了?"

她愣了一下:"哦,不知道。"

"什么叫不知道?你必须知道啊。"

她用标准的阿平顿夫人眼神盯着我:"你为什么要问这个?"

我,一名心理咨询师,突然灵光一闪:"等一下,难道性不是婚姻中最重要的方面吗?"

"你开什么玩笑?"她反问。

有一次对妇女的全国性投票调查,请她们为不同的事情在她们生活中的等级排序,性排在第十四位,园艺是第十三位。当我看到那个结果时,心想,*这不可能*。但是现在我明白了,桑蒂没有失常。

性对大多数女人来说不是最重要的,但是对大多数男人来说是。与心上人发生性行为,能够让他感到自己是多么的有价值,让他愿意说:*哇,真高兴娶了那个女人。她全是我的*。聪明的女人会意识到性好比那条大鱼,她那海豹般的丈夫非常乐于追逐的大鱼。

我不是在谈"好吧,我必须那样做。既然这样,我来了。做的时候请帮我脱掉睡衣"之类的话。那纯粹是对男人的羞辱,就像在说:"你不值得我花心思。你一点也不吸引

人。实际上,我都不确定当初为什么嫁给你"。我要讲的是,在你丈夫耳边动人的呢喃"我想要你"。只要告诉他你想要他,他就是你的了。他会立刻变身为全世界最性感的男人,比如布拉德·皮特或者马特·达蒙,愿意给你带来意想不到的乐趣,哪怕他其实更有点像丹尼·德维托或者阿尔弗雷德。

❤ 伟大的问题解决专家

全世界的女性都喜欢拥抱,她们拥抱所有会动的家伙。但是如果你对你丈夫说:"抱一下我好吗?"为什么后来常常演变成你两眼瞧着天花板的样子(做爱)?你只想要一个拥抱,一个温柔的爱抚,可惜总是得到更多。

那是因为你丈夫触碰你的那一刻,他脑子里面想的就是性。*哇,今天是最好的日子,我肥了15磅,可是我老婆仍然愿意要我。*

"什么?"你说了,"那天过得太紧张了,我只是想拥抱一下。"

但是我有消息要告诉你。你男人体内那个发动机不需要你摇啊摇才能发动,它的反应速度很快,操作简单,几乎能够立刻进入状态。这纯粹是生理现象，男性天生如此，遇到刺激很容易兴奋起来。如果你走到你丈夫背后亲吻他的脖子，轻抚他的敏感点，表现出你准备好了，可是却得不到他的任何回应，那一定是你男人哪里有问题了。他需要一个新的发动机，你最好带他去看医生。

对于男性而言，性是很棒的解决问题的方式。如果他一天工作很累，性会消除他的疲劳。如果你的浴室漏水了，流到了洗衣房，他必须把所有地方打扫干净，性会阻止他的情绪恶化。如果你们两人在饭前产生了争吵，等孩子们睡下后，性会修补一切。那是因为当你和他做爱的时候，他的世界便恢复正常了。 性是治疗男人一切问题的灵丹妙药。

通过和你亲密的性关系，他知道自己是被爱的。性行为是一种对紧张的放松。欢迎他来到你的怀抱，表明那些存在的问题——之前的争吵——已经解决了。甚至，许多男人从妻子的性愉悦中获得的心理满足远大于他们自己那不足挂齿的性高潮。你的"哦哦"和"啊啊"，仿佛在告诉他："我想要你。我需要你。你是我男人。你是一个好爱人。你满足了我。"为此他愿意用一生的时间来保护你——哪怕他确实有点自己的小小的花花肠子。你男人希望知道他对你意义重大。

问题是大部分婚姻中，性变得很单调。就像一名女士告诉我的："他总是从这里开始，然后那样，在那里结束。"你觉得没什么可以期待的，是不是？在你家里性生活是不是像时钟一样机械，只能在星期六和星期二？我要是那个女人，还不如在雨中拔草呢。但是请记住，你男人，如同我们在上一章提到的，直线思维，富于逻辑，模式固定。他可不会想，*哦，我应该更有创造性，我应该干点别的。*反之，他会觉得，*嗨，我干得不错吧。我做了这个，这个还有这个，很有效啊。真棒，搞定！*

如果你对性生活感到乏味，为何不自己做一名"教唆犯"？买一本关于婚姻性生活的书籍，比如《调高温度》或者《床单交响曲》。把它偷偷放进你丈夫的书包或者车里，顺便夹上一张小纸条：

亲爱的，这是我为你买的一个小东西。我认为你会喜欢的。我已经读过了，很想尝试书里写的一些事情，你知道的，我喜欢惊喜。更想和你说，我爱你。我等你。

这是一名聪明女人，充分运用了上帝赐给她的所有智慧。她没有对他们的做爱方式叨叨个不停，而是主动出击寻求改变。抱怨、发牢骚不会引起男人们的注意，只会关掉他们的开关。

所有的男人都喜欢挑战。一本标出重要页码的书和一张纸条，会发动他们的机器旋转起来，激发他对你和家的向往。你可以试试这么写：

你总是敲响我的门铃，亲爱的，但是我在想，你能否真的敲响我身上的铃铛呢？今晚孩子们去外婆家了。家里只有我们。知道我一直的梦想吗？在后院做爱。正好今天孩子们搭起了帐篷，现在又是夏天。方便吧？等不及见你了。

你男人会对这样一个美好的夜晚充满了期待。一整天他都会趾高气扬地想：*嗨，我是有魅力的。虽然我的头发已经开始掉了，可是她仍然想要我*。尽管他已经长出了啤酒肚，不再是那个 17 年前你嫁的，23 岁，瘦削的年轻人，但是你仍然可以像弹钢琴一般奏响他，与他一同获得极大的乐趣。既然如此，为什么还要继续忍受那些单调乏味呢？

❤ 吻你的丈夫，亲你的女友

如果你要吻你丈夫，请吻他。那种在脸颊上面轻轻一碰的做法只适合你的女友，对你丈夫没什么用。如果你想

发动他的机器,就热情地吻他。即使那时你们不能立刻上床,你也创造了一个性意盎然的气氛,吸引他更乐于回家。

比方说你正和亲戚一起外出就餐,你公公第三次向你说起他三天前打的那场很棒的高尔夫比赛。你把手从桌下伸过去,小心不要被公公发现,轻轻敲打丈夫的大腿,引起他的注意。那就仿佛在说:*嗨,我们来捣捣乱吧*。如果你早知道这将是一个乏味的夜晚,可能在你们出门前就会对老公说:"真想现在把你搂在怀里,不等到晚饭后了。"他的马达会立刻发动起来,他会觉得自己是世上最幸运的家伙。整个晚餐他都会对你充满爱意,坐在那里一直冲你微笑,暗想:*我妻子不仅爱我,认为我性感,她还愿意陪我出来吃饭,听我爸爸谈一个小时的高尔夫。她都等不及和我做爱了。她爱我,她想要我,她需要我。*

如何同老公做爱

1. 肯定他为家庭付出的辛苦。
2. 寻求他的帮助,并且承诺给予奖励。
3. 在困难时期也要保持乐观。
4. 学会换个角度思考。婚姻不是他应该做什么,你应该做什么。婚姻是一种情感关系。
5. 从他的眼睛后面看世界,了解他看待事物的角度,以及什么对他是最重要的。
6. 给他惊喜,带他去他乐意去的地方。

那么你又能得到什么呢?如果为了节

约开支,你丈夫不得不在正常工作之外在周末粉刷房屋,他会愿意做的。如果因为你已经工作得筋疲力尽,必须小憩一会儿,需要他下午去接女儿回家,他会处理好工作早点回家去接她。为什么?因为你把他放在生命中最重要的位置上,他会感恩的。

❤ 你言语的力量

我坚信,你说话使用的词语,对你丈夫至关重要,能够让他体会到性高潮般的快感。不要光听我说,问你丈夫试试看:"每次我和你说我有多爱你,多需要你,多想要你,对你的意义很大吗?你会不会觉得烦呢?"

知道他会说什么吗?"当你说你需要我,我觉得自己是世界上最幸运的家伙。"

如果你们的性生活很和谐,他为什么还要背叛婚姻的誓言?搞什么办公室恋情,或者寻妓?他为什么要那么做呢?如果他在家里有一个心上人,一个最好的朋友,爱他,响应他,聆听他,尊重他,他不需要和别人过夜啊。

男人总会注意到别的漂亮女人,但是你言语的力量,你们彼此间亲密和谐的性关系,如同你放到他心中的一把

感情钩子，勾住了他，令他远离禁区和其他女性的地盘。

你在婚姻中的工作就是让你丈夫感到特殊。女性热衷于爱语，性就是男人的爱语。身体接触的时候，男人会感觉同自己的伴侣更加亲密。那个时刻，他忘掉了一切，纯然享受着与你亲近的乐趣。我确信，在那股激情中，你的言语就能带给他高潮。那些语言就是引领着他那条大船按照你的方向行进的船舵。

我知道维持一个家是多么不易，既要全职工作或者兼职工作，又要照顾孩子。我知道有些时候你就是不想做，你要应付生理周期和紧张的亲戚关系。但是让你丈夫感到性满足不是件很难的事情。生活中有些时候只需饭前小酌一番，并不一定要喝个没完。（参看我的书《调高温度》和《床单交响曲》，里面有许多很棒的主意。）再说一遍，你是一名聪明的女人，这样做对你是有好处的。抽出一点点时间——哪怕你背负着很大压力——便可以让你获得一个好老公，他愿意取悦你，愿意冒险和你分享他的想法和感受，愿意为你做任何事。你难道不希望家里有这样一位甜蜜的爱人吗？

女人的话：

在我听到您说男人需要感到被爱后，我觉得很内疚。我对待丈夫更像一个长大的孩子，而不是丈夫和爱人。我总是告诉他该怎么做，期望他听我的话。从来没有想过问问他是否喜欢做那些事情，也没有告诉过他我很感谢他对家庭做出的贡献。因此，我们总是不断地争吵，都是我的错。怪不得我丈夫现在不再愿意帮我做事，只是坐在那里看电视，对我理都不理。

我向他道歉，承认过去九年来对他的态度很不好。自此，我们的婚姻有了转机。他非常惊讶，还有点警惕。我想他可能认为我不会改变，但是我真的变了——至少，我在努力。

一天晚上，电视台正在播放他最喜欢的电视剧。但是当我在他耳边轻语说我想做点别的事，您猜怎么着？他关掉电视，微笑着跟我走进房间。这是第一步，我会计划更多的约会，不过不要告诉他哦，我希望那是个惊喜。

桑德瑞，肯塔基州

♥ 给他一个惊喜

我非常喜欢一个女人给我讲的故事，关于她如何给丈夫惊喜。那是一个星期五的晚上，他们的结婚周年纪念日。她找了个理由开走了丈夫的车，把他在办公室放下，然后说晚上再来接他。他本来计划带她到一家好馆子吃饭。

下班后，他走出办公楼，坐进他们的SUV（运动型多功能汽车），侧身给了她一个吻。她缓缓地解开雨衣的扣子，里面什么也没穿。"你现在真的想去吃晚饭吗？"她问，"或者你想去街头那家我订好的酒店？"

他们俩现在还常常想起那次的场景——在12年之后。那只是他们美满性生活的众多回忆之一。

另一位女士跟我说她丈夫*讨厌*逛街，"逛街"排在他"不想做，不要做"的单子的第一位。可是她需要一台新的洗衣机和烘干机，还有一些她不愿意自己做主的东西，所以她丈夫有责任陪她一起去商店。一个下午过去了。他已经失去了耐心，但是她还必须多走一家商店。她知道，如果她建议再去塔吉特百货，丈夫一定又要哼唧了，于是她想了个主意。

"亲爱的，"她神秘地说，"靠近点，我想跟你说点事。"

"什么？"

"过来点嘛，我不想让别人听见。"

她老公紧紧靠过来，她拉住他，把嘴巴放在他耳边，那个样子就像在吻他,然后用诱人的语调说道:"如果你再陪我多进一家商店,回家后我就陪你做那个。"那个是他最喜欢的床戏之一。

你觉得那个男人会不会满脸笑容,高高兴兴地陪她进商店?当然。后来,塔吉特特惠甚至变成了那个床戏的代名词。他们没有告诉任何人塔吉特特惠的具体内容(包括我),但是每当妻子想要老公帮点忙,她很清楚要说什么。

性比任何东西都更能打开一个男人的耳朵。

❤ 让石头变得浪漫

"李曼博士,"你也许要问,"我已经听明白您在这个章节里面所说的一切,不就是男人需要性吗。但是不适合我丈夫。他对和我做爱没有一点兴趣。我不觉得他的发动机多年来还有用。我曾经恳求他,我都快疯啦。能帮帮我吗?为什么在性上主动的必须是*男人*?我不能有发言权吗?"

欢迎加入 15% 俱乐部。15% 的女性具有追求性的天生倾向。你对性满足的需求比丈夫强烈,或者比他想要给予的更频繁——在某一时刻更多。 85% 的夫妻中,丈夫是性的追逐者。但另外15%，是女性。如果你丈夫经常在你向他要求的时候找理由（"现在不要""我太累了""我不想做"），看看是否和下面的原因有关。

他认为性是肮脏的

也许你丈夫生长在一个清教徒的家庭中，家里有许多清规戒律，认为性行为是不好的，讨厌的，肮脏的。如果这样，很容易解释为何他把这种观点带到了你们的关系中。每次和你做爱，他都仿佛听到爸爸在说："穿上衣服，不许在屋子里面光着身子。"那种家庭缺乏拥抱和鼓励。你丈夫需要你的帮助，重新建立对性的看法。

如果他生长在一个典型的维多利亚式家庭，在那里，性的话题是一种禁忌，给人的印象很坏。既然你愿意为获得性满足做出努力，寻求专业咨询是很有帮助的。

他受过性虐待

性虐待是很过分的。当在家庭中发生此类事件，背叛、受伤、罪恶感更加强烈。人们总是要求男孩，受伤的时候从来不许哭泣，应该行为"像个男人"，因此性虐待对于他们来说简直就是一种阉割，大大动摇了他们的内心：*我是谁，我还是不是个男人。我做错什么了让那个男人（或*

者女人）*如此对待我这样一个孩子？* 受过性虐待的人通常感到羞愧和肮脏。那些非常行为会激发可怕的回忆，以及对性的反常想象。如果原因在此，你和你丈夫需要共同寻找专业的帮助。

为了更好地了解情况，请耐心接受咨询师的指导。

他是隐藏在婚姻中的同性恋者

这种情况发生的概率超乎你的想象。一个具有同性倾向的男性结婚了，期望婚姻可以疗愈他的问题。但是他对和你，一个女人做爱没有兴趣，大脑里依旧充满了同性相恋的画面。这个问题很难解决。如果你丈夫对你没有欲望，你不可能迫使他有，任何情趣睡衣都难以引起他的兴趣。

如果你丈夫承认他有一个同性关系，或者曾经有过，那是另外一回事。你必须从他身边离开。欲望是没有办法生造出来的。你婚姻的成功率是不可能高的。

他有生理问题

如果你从背后靠近你丈夫，抚摸他的敏感部位，但是他的发动机没有立刻反应，或许他需要新的电池了。你们要去找医生检查一下。

他对你感到害怕，试图控制你

记得早些时候我们谈到掌控者吗？他们用一种很特殊的方式抓牢你。你那个男人学会了利用你想要的东西控制你——性。他抓住那个骑在了你头上。通常情况下，这种控制不只限于性，而是充满生活的各个方面。记住，他采用的方式可能是霸道的，也可能是温柔的。但不管怎样，两者都是掌控。在这种情况下你该怎么办？

1. 不要再买那些情趣睡衣了，它们一点用也没有。不要自己煎熬自己，*想着，我一定是哪里不对了。因为我老公不再对我有欲望，不想和我做爱了。我要减肥，我要买一件新的紧身衣……*不要再自责了。无论你掉了多少斤肉，你有多健美，你看上去有多火辣，都没有用。反之，不再向他提性的要求，干脆不要再理他。

2. 和你丈夫讨论我刚才提及的五个方面问题。告诉他，如果有某个问题引起了他的共鸣，他想找人谈谈，你很愿意倾听。或者他喜欢自己一个人解决，也没关系。传达给他这样的信息：为上述问题做出努力，对你，对婚姻的长久和稳固都很重要。

3. 把球打回他的半场，期望他接过去。如果他没有，再积极一些。告诉你丈夫："我需要你去做那些我们谈论过的事情，我们不能再这样继续下去了，否则后果不堪设想，对我们两个都一样。事情就是这么严重。"

❤ 你如何表达爱？

我总是害怕生活中的大事件。比如结婚25周年纪念，我的五十大寿。它们是我生活中的里程碑，我期望能从我那可爱的妻子那里得到一个不寻常的礼物。但问题是：她喜欢为我买*她*很想要的东东，而且通常都很贵。

有一年结婚纪念日，她送了我一台点唱机。我喜欢点唱机，那时候我有四台，每台都装着45首我从小听到大的乐曲——全是早年的摇滚歌手。而且是那种老型的，如果硬币不能完全掉落，孩子们就会用力去踢打它们。我经常听小理查、查克·贝里、猫王（《非常感谢您》）、小安东尼与帝国，那是我儿时最美好的回忆。

但是桑蒂送我的是什么？一台CD唱机。我心想：*我要这玩意干吗？* 当然重要的是心意，但是我确实感到困惑。（很快几年过去，我开始喜欢上它了。）

爱的五种语言

你丈夫的爱语是什么？你的是什么？
- 肯定的语言
- 精心时刻
- 礼物
- 服务行为
- 身体接触

知道桑蒂送我的最棒的礼物是什么吗?一张我首本书封面的复印件,装在精美的木框里,写着"给我的头号丈夫,头号父亲,头号作家,我爱你。"那个东西恐怕不超过25块钱,但是满足了我的幻想,搔到了我的痒处,让我明白我在她生活中是多么重要。

♥ **爱的语言**

有一个古老的故事,讲的是一个小教堂的入口处需要一盏吊灯。吊灯大约价值超过2000元。教堂的章程规定任何消费都要100%的会众同意才可以执行,所以他们进行了投票:99比1。他们又投了一次,结果还是99比1。于是教众们聚集在一起开了个会,执行主席站起来说道:"只有一票反对。我们尊重不记名投票的方式,但是如果那个人现在这里,愿意为此事和我私下谈谈,我会非常高兴的。"

后排人群中,一位老农民站了起来。"我就是那个投反对票的。"

"请问您对吊灯有什么意见?"主席问道,"方便告诉大家吗?"

"好吧。"农民摘下帽子,边挠着脑袋边说,"我不知道什么是*吊灯*,我们真正需要的是在入口处安一盏灯。"

那个农民不懂什么是吊灯,他和执行主席用的语言完全不同,但是大家说的是同一件事。这个故事很有趣,同时也很真实。

这种情况在婚姻中很常见。男人和女人说着不同的语言,用着不同的爱语。如果你不了解你丈夫,你们可能做的不是一码事。就像那个故事里面的主席和农民,给对方带来不必要的烦恼。

你是否曾为不知道怎样爱你的老公感到沮丧?你们中许多人可能对这本书很熟悉——《爱的五种语言》[3],作者盖瑞·查普曼是我优秀的同事,书中揭示了我们接受和给予爱的方式是多么不同。

你丈夫是否会在早晨醒来,向你宣布他的爱语是什么?不会的,但是你可以很容易看出来,就是他时常嘟囔的,比如"你从来不……""你总是……""我不想……"男人(我也一样),众所周知,被踩了脚后会像小狗一样哼哼。

肯定的语言

你老公擅长真心称赞、鼓励他人吗?他是否常常对你

的形象、天赋、成绩、态度不吝溢美之词？如果这是他的爱语，恭喜你！你会比其他女性获得更多真心实意的赞美。

精心时刻

你老公是否愿意花时间陪你，以此来表达他的爱？请注意下面两者的不同，他只是在长椅上坐在你旁边占个地，还是真心实意陪在你旁边。如果这是你丈夫的爱语，那意味着他喜欢和你一起做事。他会因此感觉很满足。爱语是"精心时刻"的人喜欢频繁的约会。为什么我知道？因为我就是其中之一，我很乐意陪着桑蒂。

李曼问答

问：我忍受不了了，他只知道看电视，我嫁了一个沙发土豆，还有可能让他干点别的吗？

安吉拉，亚利桑那州

答：第一个问题：你们刚结婚的时候，他就那个样子吗？有些男人的力比多和能量比较低，有些男人懒散透顶，不愿尽职尽责。如果你嫁了这样的男人，于是……好吧，你嫁给了他。我还能说什么呢？你应该能够预见到的。但是如果你丈夫是在婚后渐渐变成一个沙发土豆的，情况就不同了。

第二个问题：你男人在工作中感到灰心丧气吗？太多男人讨厌他们的工作，他们只是不得不去做。逐渐的，他们越来越感到沮丧，心里想着，这可不是我签约时想要的。于是他们越来越远离生活，电视成了他们的中心。他们的眼睛只盯着《大众机械》，好像那是他们全部的世界。

第三个问题：他是否知道自己在你生活中的重要性，还是他感到自己不重要或者被抛弃了？许多男人活得很孤独，他们对你的需要超乎你的想象。

第四个问题：你男人是否曾经对你很在意，为你开门，给你写纸条，送你鲜花，或者类似充满感情的好事？如果答案是肯定的，你们的关系一定出现某种问题了。生活和婚姻没有按照他想象的那个样子发展。

你需要抚摸他，凝视着他，对他说："亲爱的，我感觉你很灰心，越来越与生活格格不入了。是这样吗？"这是处理你们问题的最佳方式。但是你的语气一定要温柔，不具威胁，否则只会把他推得更远。

礼物

这是我妻子最喜欢的爱语。这点从她的行为很容易看出来。她就是喜欢送他人礼物，而且长于此道，并为此非常开心。她也喜欢收到有意义的礼物，意思就是我必须送礼。

送礼和钱无关，和兴致有关——告诉你他整天都在想着你。枕头上的一枝玫瑰替他说明了一切，代表了他全部的爱。还可以是一场非常刺激的经历，比如一次浪漫的野餐，或者跳伞（一些你梦想多年的事情）。

服务行为

许多人会在为他人的服务行为中感到爱。这种爱语的难点在于，许多夫妻在彼此的责任范围上意见不一——谁该做什么。做该做的事情不会让你产生服务他人的快乐。做那些责任范围之外的事情，才能说明你爱你的配偶。诸如服务行为的例子有：你丈夫每天为你的车扫雪，或者替你提着沉重的洗衣篮上楼。

身体的接触

这是我的另一种爱语——问问我妻子就知道了。我是个抚摸者，也喜欢被抚摸。我说的身体接触不仅仅指性。接吻、拉手、熊抱、搔背，所有令我们这些喜欢身体接触的人高兴的事情都算。如果这也是你丈夫的爱语，除非他得到很多很多，否则不会感觉满足，感觉被爱的。

你丈夫经常嘟囔的是什么？那是了解他喜欢哪种爱语的关键。

他是否埋怨你从来不说他的好？抱怨你不再写给他甜蜜的小纸条？那么他一定喜欢肯定的语言。蜜语甜言肯定了他的男子气概，仿佛在说："干得不错，伙计。你真让我开心。"他需要听到你说，拥有他这么一个丈夫、爱人和朋友，你是多么走运。

他是否抱怨你总是不同他单独在一起？你太专心于孩子们的生活，他甚至忘了上一次和你出去度周末是什么时候的事了？那么他在大声告诉你他的爱语是精心时刻。你是否把时间花在婚姻和你的配偶上，还是你始终占在第一位，把他丢在脑后？（我向你保证，他不会忍受这种情况多久的。）

你的丈夫是否在说："去年你送了我一副新球杆，今年却只是一条浴巾？"那么他是个喜欢礼物的家伙。

他是否说："你曾经为我在星期二做家常饼当早餐，可是为什么现在不了？"看到了吗，他的爱语是服务行为。

他是否抱怨你们不再做爱了？如果是的，他正在你耳边高喊："抚摸我，和我做爱，追求我。"他喜欢身体接触的方式。

可以同时使用多种爱语吗？当然没问题。我就喜欢精心时刻和身体接触。桑蒂喜欢收送礼物和服务行为。所以为何不进一步去了解你丈夫，找出他的爱语？

❤ 再说一遍：男人蠢笨如泥

当初我向桑蒂求婚的时候，我姐姐已经结婚嫁到了另一个城市，我哥哥在读研究生，没有人把我拉到一旁告诉我说"你要如何如何求婚"。我一点都不懂该做哪些浪漫的事情——比如带她到一家五星级酒店。后来我是怎么做的呢？我在父母家后面的空地上，送了她订婚戒指。

现在回想起来我还在摇脑袋。我简直太笨了。天哪，幸好她答应了。

结婚40多年，我学会了做许多浪漫的事。因为我拥有一位世上最好的老师——我妻子，桑蒂。

要知道，男人天生不是一个好的爱人。他不懂女性，他不知道从何开始了解女性。他需要你成为一名温柔的伴侣，引导他，给予他无条件的爱。如果你做到了，你丈夫也会变成这样的人：当你感冒的时候回家给你做饭，尽管他只会把通心粉和黄油放到一起。他会是一位好父亲，不介意孩子们像蜜糖一样粘着他，在你做饭的时候逗孩子玩。他会帮你解决电脑问题，搬开车道上的垃圾桶，不抱怨洗盘子。在你叫他的时候帮你搔背，用充满爱意的眼神望着你。

现在，我问你，哪个女人不希望得到这样的男人？

所有你要做的，只是给予一点掌声，一点鼓励，你的海豹便会为你表演他的拿手好戏。千万不要忘了给他准备一条三磅的鱼作为奖励。把他带到卧室，关上门，给他所有你能给的。

这样你就可以在星期五获得一个全新的老公——同时你也会成为一个更加幸福的妻子。

星期四的事情

1. 亲吻他。不是在脸颊上碰一碰,而是"我想要你"那种方式。

2. 玩个侦探游戏。观察你丈夫,看什么时候让他最能感觉被爱?你是怎么知道的?

3. 用他觉得最最重要的方式说"我爱你"。

4. 冒险走出你的安乐窝,给他一个惊喜。(留给你自己去设想。)

星 期 五

真正的女人，才能造就
出真正的男人。

星 期 五
真正的女人，才能造就出真正的男人

如何打开你丈夫的心扉，刷新你的爱情生活，把他塑造成你梦寐以求的骑士？

最近我和一名四年级女孩的母亲进行了一番交流，那个女孩不喜欢班上的任何同学。"我的班上，"她告诉妈妈，"有粉红蝴蝶结女孩组，喜欢玩娃娃，打扮它们，为它们办婚礼。还有汉娜·蒙塔娜（译者注：一个电视剧中拥有双面生活的女性角色）组，总是假装自己是摇滚明星。哪个组我都不适合。我更喜欢和男孩们一起玩。他们说话很直，没那么多弯弯绕。"她（大概50磅重）是唯一一个放学后和三到五年级的男孩玩橄榄球的女孩。

当大家挤作一团时，知道那些认识她的男孩会说什么吗？

马特说:"不要和女孩抢球,懂吗?"

"知道了。"科瑞加了一句,"只许用一个手指碰她。"

那些男孩不仅允许她玩,而且很喜欢和她一起玩。有意思的是:他们自动为她提供保护,做她的护花使者。谁曾教过他们那样做吗?没有,那是他们的天性。"保护女孩"的意识生下来就储存进了他们的大脑。他们不愿意她受到伤害。

每逢女孩拿着球奔跑,所有的男孩都在为她加油。每次分组,所有的男孩都希望她在自己这边。(那正是男孩用拳头冲撞女孩希望得到注意的年龄。)

那是不是你想要的?一个护花使者?一个想要你和他同仇敌忾的英雄?就像那些男孩自发地声明要护卫小女孩,你丈夫(成熟的身体里面始终是那颗小男孩的心)也愿意保护你,做你的骑士——尽管你必须一遍一遍擦亮他的盔甲,让它保持最佳状态。

引用一部老电影的名字,那就是:男人话少心深。他们接收到你们发出的信息,反复思考,从每一个能想到的有利角度进行逻辑分析。这也是他们作为供养者和保护者的部分天性,纯粹的动物本能。

❤ 超越贝多芬，美国夫人来了！

在这本书里有一些敏感话题，紧接着我就要谈到一个你很可能不喜欢听的。为什么这样说呢？因为我是一名老资格的演说家，听众遍及全国，大家的反应都是一样的。我曾经在《视点》杂志上谈论性，我到过许多聪明男人绝不会涉足的地方。正如布鲁克·本顿的老歌中唱的"傻瓜去的地方是天使不敢置足的"。对，那就是我。

有些女性对把丈夫放在第一位的观点怒发冲冠，因为她们感觉自己的地位因此变得低下。通常这种想法都是有理由的，（很大程度与父亲对待她们的态度有关。说实在的，男性把女性踩在脚下已经很多世纪了，总会有些遗迹残留的。）但是这并不意味着她们必须去那样感受。那种想法无助于她们的婚姻。

回顾一下我在前面提到的，很显然，男人和女人是有区别的，但是他们的社会价值相等。把你丈夫放在首位，并不代表你要做擦脚垫，而是说明在这场游戏中，你很精明。一个NFL教练最近在镜头前说："我不能肯定我们拥有最好的队员，但是我认为他们是最聪明的队员。"有趣的是，我在写这部分的时候，那支球队和教练在NFL获得了全胜。

在婚姻的游戏中,你必须玩得聪明,必须把受社会影响做出的反应和愤恨放下。

如果你总是想,*为什么我要迈出第一步?为什么要把他放在第一位?这是什么野蛮逻辑?* 你最好现在就撒手吧,反正你也会成为离婚统计数字的一分子。你必须对女友的质疑置之不理:"你在对鲍勃干*什么*?"

认真思考一下本书里简单(但不容易)的原则,给他一点好处,看看能得到什么回报。他的生活动力是养家糊口,他希望你高兴,愿意在任何事情上讨好你。但是你必须让他感觉到自己的重要性、特殊性、感到被需要、被渴望、被肯定、被爱、被尊重和被满足。

当他得到了这一切,他会又快活又满足,将竭尽全力做你的好老公。

你很坚强。你是一个决策者。你可以用让你丈夫嫉妒得发疯——甚至差点被吓住的速度同时做八件事。你还可以为孩子做很棒的花生酱果酱三明治(不带壳),你有什么理由感到受威胁,被利用和低人一等呢?

如今的女性身份众多——医生、飞行员、全职妈妈、教师,甚至开始在家里办公司。女性的行动再不受任何限制。这种无限的自由造成了一个对婚姻危害最大的问题:我能从中得到什么?

❤ 我是女人，听听我的吼叫

如果你希望在星期五获得一个新老公，你要了解你对你丈夫产生的影响有多深。你说的话，你触碰他的方式，你对他的尊重，你聆听他的方式——所有这些都影响着你丈夫。

如果你认为生活中不需要男人，那就不要结婚，继续你的单身生活好了。现在很多人士喜欢单身——想去哪就去哪，只需要喂好自己的鱼。没有人和他们通过远程遥控争吵，支票本上只有自己的名字，他们只需要想着自己。

太多已婚人士其实还在过着单身方式的生活。他们连合伙关系都称不上，只能算室友。

男人曾经在家庭中占据明确的主导地位，但是如今，女性是决策者——如何消费，如何付账单，等等。我问你：既然交了电费，到了严冬暖气自然会有，谁把握金融大权真的那么重要吗？

调查表明，20年前还是付账者的男性如今已经被女性代替了，因此引发了一系列有关在婚姻中的领导权问题。

每次提到领导，我喜欢用羊群作比喻。一个牧羊人有一套自己独特的喊声和方式放牧自己的羊群。我们总是觉得羊很傻，很弱小，其实它们比我们想象的更聪明。如果有人想放牧牧羊人的羊群，打扮成牧羊人的模样，穿着同样的衣服，连喊声也用数字化复制，听上去完全相同。即便如此，那些羊也不会上当的。它们可能只是看着新牧羊人，一动不动。它们只愿意跟随自己的牧羊人。

我问你，追随一个无论顺境逆境始终伴随在你身边的好牧羊人，不好吗？在你需要的时候，他不会反感到沃尔格林去为你买什么无论"晴天，风天，雪天，带标签的，没有拉锁的松紧带，螺旋式的，边角光滑的"之类的东东。要是一个男人愿意那样做，他一定关心你远胜过关心自己的形象，不管那有多么尴尬。这种男人会对待你像一张擦脚垫吗？当然不。

那么谁是领导还有什么重要的？我的一个好友常开的玩笑就是"多年前我妻子便指派我为领导了"。婚姻对你而言是场比赛吗？你总是要赢最后一把？直说吧，如果某人在婚姻中获胜，那意味着两个人都输了。

你是否希望今后生活得更加幸福？"可是我穿那种公主式的蓬蓬袖的睡衣不好看啊。"你说。那不是重点，重点是，你是否愿意被你丈夫敬爱、尊重、关心、供养和保护？如果你按照本书中的原则去做，你将会得到那一切。那就是对你的意义。

而另一种方式只会引你走向愤怒、苦难、幻灭和离异。

女人的话：

我做您的粉丝许多年了，特别喜欢《天生就赢》那本书。里面描述的简直就是我自己的生活。我非常擅长细节工作，喜欢数字，乐于筹划事情，也很清楚自己长着一双挑剔的眼睛。

去年我们经历了一场校园危机。我们的双胞胎女儿，虽然很聪明，但是在学校的成绩非常差。最后我们发现，她们之所以不愿意完成作业是因为害怕被严厉的母亲责骂。那个打击相当沉重。

我丈夫变得冷漠安静，从他的眼睛中我看得出来，他同样为此事承受了巨大的压力。

我开始很努力地约束自己的挑剔行为。在对一件事情做出反应之前，我会先回忆以前是如何回应的，然后换个新的反馈方式。每当我灰心，疲惫，感到压力的时候，必须承认，我又变回从前那个我了，但是我已经做出了180度的转变。现在我是第一个对女儿和丈夫说"对不起"的人。感谢这个巨大的领悟，让我收获了许多。

瑙米，新墨西哥

❤ 瞥上一眼

回头瞥上一眼，现在就做。你妈妈或者爸爸是否正在后面，透过肩膀注视着你？你背后那些脚印是否是你父母检查你时留下的？你如何学会成为现在的样子？

你个人的逻辑、你看待世界的方式，是在你成长的过程中形成的。你父亲是如何对待你母亲的？你母亲又是怎样对待你父亲的？你母亲是否经常发挥她的语言优势，就像拿着一根警棍时刻挂在你父亲的头上，好让他在家里干活？你父亲是否在肉体上或语言上虐待你妈妈？抑或你生活在一个完美的家庭里，父母从不吵架，彼此顺从，互敬互爱？

很少有人拥有那种完美的家庭，我们大多数人都背负了一些担子。当你踏入婚姻的时候，对男人抱有许多期望。如果你的家庭环境很糟糕，和父亲的关系不好，你丈夫会为此付出代价。为什么？因为你会像看自己父亲那样看他。事实上，你对父亲的偏见会影响我在本书中的一切建议。

当我建议你拿出一点时间，把你丈夫放在首位，你的直觉反应是什么？是不是"为什么是我"或者"嗨，我知道我要做出改变。主意不错，我明白这里的重要性了。"

如果你的第一反应是"为什么是我"，很可能你父亲不是你需要的那种类型，从而更加深了你对男人的否定。

你可怜的丈夫没救了,无论他怎么做,你都会贬低他。

你丈夫是在为你生活中其他男人的行为(做的或者没做的)买单吗?你是否羞辱你丈夫因为父亲同样羞辱了你?你过去与男性,尤其是你父亲交往的经验是什么?

你是否要承担其中的部分责任?你爸爸对你做错了吗?如果是的,在它们毁了你的婚姻之前,现在是时候抛弃那些恩怨了。走到你丈夫身边,对他说:"对不起,我刚刚认识到,这些年一直以来,我对你的态度就像你对我做错了什么事情一般,那不过是因为我父亲曾经那样对待我。我完全错了。我不愿意再那样做了。我需要你的帮助,这个问题我自己很难克服。我非常爱你,现在明白了你不是我父亲。很抱歉那样对你,让我们重新开始,好吗?"

一切将从顺从开始——相互顺从。

♥ 令人纠结的"顺从"

首先,我要说:男人,顺从你们的妻子。

这句话吸引你们的眼球了吗?虽然我上了年纪,有点胖,有五个孩子和两个孙子,现在又拥有了医疗卡——但是不要把我想象得那么老。

每当我在听众面前提及*顺从*这两个字，知道会发生什么吗？女士开始咆哮，男士开始鼓掌。为什么呢？

女人讨厌这个词"顺从"——理由不言而喻。某次宴会中，我在一群女士面前站起身，宣布我的题目——如何做一个顺从的妻子——只是想看看她们的反应。我看到了。如果眼神可以杀人的话，我立马会被一支来复枪打成筛子。

我喜欢这个词*"顺从"*。作为男人，我知道许多人想说："嗨，李曼，你是领袖，家庭领袖。"但是我很清楚，如果我要做一个值得拥有家庭的男人，必须顺从我的妻子。既然我是她的领导，我必须顺从于她。我必须了解她——有关她个人的一切。

为什么相互顺从不是值得追求的，反而是令人害怕的？对你们当中那些有信仰的人来说，顺从的使命便如同在生活中处处臣服于上帝。因此，你们之间的相互顺从是完全有可能实现的。

圣经上确实没有说女人应该看人眼色或者顺从于男人。圣保罗清楚地表明：双方应该*相互*服从。那才是婚姻的意义所在。

无论你是否有信仰，我再说得直截了当一些：男人应

该爱他们的妻子，愿意为她们挡子弹。他们必须甘心去死好让自己的妻子活下来。（是的，对孩子也要如此。）那才是一个真正的男人所为。在"9·11"事件中冲进冒烟大厦的纽约救火队队员们是真正的男人。这些拥有自己家庭的男子汉，像英雄般地冲进火场救援，因为他们知道那里非常需要他们。

只是现在很不容易找到真正的男子汉了。

作为一名咨询师，我敏锐地意识到，现在许多结婚的夫妻来自有缺陷的家庭。他们无法顺从任何事物，甚至对这个观点非常排斥。如果你丈夫的父母互不倾听，互不敬爱，家里充满令人难堪的言语和行为，你认为他在你们的婚姻中会表现得不同吗？实情是：他曾经是什么样，现在还会是什么样。告诉我他曾经是怎样的一个孩子，我会告诉你他是怎样的一个丈夫。

他可能会因为某些情况如健康问题、创伤经验、心灵体验发生改变，但是在大多数关系中，你看到什么就得到什么。有些男人会利用天性顺从的女性，对待她像一个二等公民，而她很有可能是那种受害情节严重的人。朋友们会看着她说："真不知道你是怎么做到的。"她从充当她丈夫的垃圾桶中得到精神的满足。但是她理应如此吗？绝不是。

Have a
New Husband
by Friday
周五收获新老公

许多人认为圣经教导女性要顺从男性。那是错误的。圣保罗说的是我们要顺从于彼此。[2]

什么是相互顺从？意思是把你丈夫考虑在内。比如你决定装修房屋，给他一个惊喜，你觉得可能他什么也不会说，因为他根本不在意，房子是你的势力范围。请在这里停一下，很有可能，他非常在意。他也许不了解（或者没兴趣了解）颜色协调之类的事情，但是他一定在意他的房子的外观。

这周，桑蒂问我她能否给一位年轻的女士签一张支票，那位女士准备在圣诞节去非洲进行一趟志愿之旅。"您在开玩笑吗？"你也许要问，"您妻子需要征得您的同意才能开支票？"不，桑蒂不需要一定问我，支票本上印着她的名字，就跟我的一样。只是出于对我这个付款人的尊重，她才会征求我的意见，详细地告诉我她的想法："我想鼓励那个年轻人，所以捐助她的旅行——大概几百美元。你觉得怎么样？"我总是很感激她的询问。

看到了吧，全是与相互顺从和尊重有关，两人都能从中受益。既然我是付款人，我有权知道她花了哪些钱，以免因为某次的超支感到手忙脚乱。

你对丈夫尊重吗？你是不是常常命令他，对待他像对个小孩子？有些女人对待自己男人像对待自己的第三个或

第四个小孩，然后又对他们孩童般的行为抱怨不休。好好想想吧。

聪明的妻子是什么样子呢？她会在某个星期六的早晨，两人坐在桌前一起喝咖啡的时候，带着尊敬的口吻对丈夫说："我知道现在不是时候，你工作很忙，不可能立刻去做，但是我希望哪天把后院整理干净。当然了，不是现在，不过如果能够早日把它搞定，我会很高兴的。"

如果她丈夫心理正常，没有受虐背景，他会接受这个任务。这样的话正合男人心意，他会变回那个4岁孩子，想要给他妈妈一个惊喜，让她高兴。

那个女人做对了什么？她举出了所有的限制条件，直接提出自己的要求。那个男人当然会按照自己的方式去取悦她。这不就是相互顺从吗？

许多女性喜欢足底按摩和头部按摩。我可爱的妻子，阿平顿夫人可不。她喜欢的不是按摩，而是搔痒——轻轻的，只用指甲盖——划出一个大写的"S"。我怎么知道的？因为我顺从她。当走过那条铺满鲜花的红毯，我一生的工作便确定了，那就是了解她，用*她*希望的和需要的方式爱她。

同样，当你说"我愿意"的时候，你的工作就变成了取悦、尊重、崇拜你的丈夫。这不是项容易的工作，但是很简单，回报更是超乎想象。

李曼问答

问：我丈夫总是迟到。上个星期我告诉他女儿的演出在4点开始，可是他4:45才到，都结束了。他甚至连米根的独奏——她在学校的第一次表演——都没有看到，她哭了。我如何向她解释她爸爸错过对她这么重要的事情？

迪娜，多伦多

答：你不需要做任何解释，那是你丈夫的事情，把球打回它原来的地方去。你迟到了吗？没有，迟到的是你丈夫。你女儿可能会问你："为什么爸爸不能准时来看我的表演？戴尼（她弟弟）在那里，你在那里，只有爸爸不在。"聪明的妈妈会说："我不知道，亲爱的，你得去问爸爸。"让你丈夫亲自看到女儿的眼泪，听到她的问题。这是保证下次他能准时出现唯一的方法。

❤ 修正你的梦想

你最初对一个好丈夫的梦想是什么？现在回首一下，你是不是有点像波莉·安娜（译者注：美国童话中的人物，总是把事情往好的方面想）？他是一个最浪漫的骑士，被你的魅力倾倒，把你迎进他的房间，每天为你送上鲜花，不断地对你甜言蜜语。如果那是你的梦想，你需要修正一下了。因为那不可能，你在要求你的男性生物做一个不是

他的人。

近来,我们的教堂组织了两场独立的活动——男士之夜和女士之夜。在男士之夜,上台演讲的是一名篮球教练,供应的是最美味的1.5英尺长的猪排。当就餐时间来临,一个家伙说(用典型的男性口气):"听着,伙计们,我们从这扇门出去,拿取食物,再从那扇门进来。"

当时我正和其他傻瓜们一起排着队,我注意到一张桌子上放着几碗调味汁。炸薯条也摆在上面——不在篮子里,桌面上也没铺桌布,就是简单地倒在调味汁旁边。我暗笑起来,心想:*哦,阿平顿夫人一定不会喜欢这个。*

上星期日晚上是女士之夜,三个星期前便发下的小册子上写明那将是"一段美好时光,让你从假日季节的忙碌中解脱出来,为你自己留点时间,远离生活的压力和忧虑。"

星期日,做完礼拜之后,一张纸条塞到了我和教堂里其他男人的手里:

嗨,这是一个惊喜。我们要为今晚的女士之夜充当侍者。请穿白衬衫,打领结,5:00在诺言岛集合。

我心想:*哈,这种事我能行——参加晚餐服务。*但是我没有白衬衫,于是我穿了一件蓝色的,打了一个红色的

Have a New Husband by Friday
周五收获新老公 ♥

领带，看上去很精神。

那天晚上我差不多5：00准时到达集合地点，和其他人一起走向女士们聚餐的地方。在我看到那个地方的装饰后，不禁有点得意起来。猜猜那是谁做的？阿平顿夫人。必须承认，整个气氛都很棒。

当我端着盘子在桌子间穿梭的时候，听到从9号桌传来的喝彩声。我妻子和三个女儿坐在那里。看到我身穿搭配红领带的蓝衬衫、一副精心打扮的模样为晚餐服务，她们不禁咧着嘴大笑起来。（顺便说一句，其他人真的都穿了白衬衫。）整晚我都在自言自语："在左边上菜，在右边取盘子。"谢天谢地，我没有被绊倒，没有摔跤，没有出洋相。

最后，女士们卖光了桌子上我妻子做的可爱的摆饰。对比一下男士之夜倾倒在桌子上的炸薯条吧。

你可以花一生的时间，努力把你丈夫变成另外一个人，或者你愿意让他成为他自己。我不想改变性别。我喜欢看橄榄球，喜欢在吃完比萨后打嗝。我是我想成为的那种男人。

你丈夫希望成为你的冠军。他想要把火腿或者北方的梭鱼带回家之后得到赞赏。你并不喜欢钓鱼，你对鱼的印

象只是一条稍微烤过的鲑鱼,摆在一个不错的餐厅里,至少配着三把叉子。但是如果你男人喜欢,你会不会去找一间你丈夫感兴趣的钓鱼小屋,带着壁炉,这样你们两个可以在那里相依相偎。当然,他可能也带去他的好友,但仅是出于对他们的尊重,你才是他最想陪伴的。

如果你给我一个选择,是与男人们出去还是和我妻子去哪里,任何时候我都会选择我的甜心。

在星期五获得一个新老公不是一件很复杂的难题。你放进去什么,就会拿出来什么。你和丈夫买的那台平板电视,对你们的婚姻帮助不大,对吧?为什么不在对方的身上多花点时间和投资呢?

♥ 他不是你的女友——他是你的唯一

我还要再次直白地宣告:他是你的丈夫,不是你的女友。你愿意让他成为男人吗?你是嫁给这样性别的人,对吧?

当他和你谈论工作上的事情时,你不会看到他的眼泪。他不会完全的掏心窝子,只会一次说一点点,观察你的反应。比如,我花了八天时间,慢慢告诉桑蒂我的泌尿系统出了点问题，我知道她会担心的。作为她的守护者，我不想看到她那样。所以在医生看过以后，有了解决方法我才告诉她。

记住，你有许多女友，但是他没有。他只有你。孩子们有时会干扰到你们的亲密行为（正如所有的孩子会做的那样），你被他们搞得筋疲力尽，累得叫不出来或者感受不到亲密时刻应有的销魂。

你该怎么办？要么忽略孩子们的需要，要么利用他的需求，叫他帮你在晚间做事（两者都可能造成极坏的后果）。或者你可以设想出一个有创意的方案，使双方都感到满意。

你丈夫不是你的女友，所以他不愿意听你的絮絮叨叨。但是他确实想知道他是你的男人。他在你的生活中占有优先地位。因此当你和丈夫说话的时候，如果孩子们过来打扰，你要果断地说："你们先等会儿，我在和你们的父亲

你对你男人讲过的话

我喜欢的小事情：
- "我丈夫最性感的模样，是头发全都立着从帐篷中爬出来的时候。那个帐篷是他为了和我们5岁的双胞胎儿子享受一个父子之夜，在起居室搭的。"
- "我丈夫每个星期六早上都会做新鲜的榨橘汁，并且给我端到床上，因为他知道我喜欢喝。这让我深深地感到被爱。莱昂纳多靠边站，你比我男人差远了。"
- "我很喜欢星期五的晚上，我丈夫和孩子们玩棋盘游戏，让我可以休息一下。"

谈话呢。"他们会明白的，那些傲慢的小家伙可不傻。*哦，我知道了。爸爸是这里的头号人物。*即便那时你被打断了，你仍然要坚决地表明谁是第一位。你丈夫看到后，就明白了你不仅是在口头上称他冠军，你的行为也如此。他需要知道你站在他的一方。

❤ **你的好处**

几个月前，我在"母亲的压力"节目中做了一番调研。我问一组母亲什么是她们最大的三种压力，她们一致同意下面的顺序：

孩子

时间（缺乏的）

丈夫

注意到没有，工作、家务活，经济都没有位列其中。是不是觉得有意思——特别是那些事情是谁也无法避免的。

思考一下，如果你赢得你丈夫的合作，还有谁能更好地帮你减轻压力？

孩子——谁能帮助你照管所有你要应付他们的事情？

时间——谁能帮助你完成无法完成的事情，哪怕你是个全能的多面手？

　　丈夫——噢，这正是本书的题目。你只要做一点点努力，就会在星期五获得一个新老公。他将帮助你解决所有麻烦；他将是你的英雄，用他的双手为你打掉阻碍你的坚墙。

　　有一种压力发生在拥堵的车流中。当你一脚踩下刹车，差点撞到前面的轿车时，立刻，你的肾上腺素急速上升，心脏提到了嗓子眼。神奇的是，20分钟后，你的身体便恢复正常了。每个人都经历过那样的紧张，你一点办法也没有。

　　还有一种压力会持续很久，不能自行消失，那就是作为一名"维可牢"（译者注：尼龙搭扣）女性——所有的事情和人都贴着她。不管你多么用力想甩掉，都不成。孩子，时间的匮乏，丈夫的抱怨简直要把你逼疯了。这种情形就像到大卖场购物却忘了关车里的灯，几个小时回来后，发现车子无法发动，电池没电了。听说过演员在舞台上崩溃的新闻吧？他们最后因为筋疲力尽而住院治疗。

男 性	女 性
如何应对	如何应对
使用一只手，抛出一个球直直地扔到空中，掉下来的时候再接住。	使用两只手，同时扔出五个球，干净利落地按顺序接住。

你很奇怪为什么你吓到了男人

　　你不需要变成那个样子，通过与你丈夫，你的助手合作，你立刻能够从上面三个压力中解脱出来。他会抽时间去看女儿的首场钢琴独奏；他会志愿开车送14个学龄前儿童到地方超市考察。他也许不会按你想象的方式去做，但是他会搞定的。毕竟，学龄前儿童也分辨不出手里的巧克力饼干是商店买的还是家里做的。

　　时刻提醒自己，在外面有许多女人是愿意为找到一个真正的男人付出一切的。所以尽己所能留住你的男人吧，鼓励他，让他感到被尊重、被需要、被满足。

　　在星期五获得一个新老公其实完全取决于感觉。我很小的时候，清楚地记得告诉妈妈，她给我做的三明治比我自己做的好吃。实际应该没什么差别——都是白面包上抹着花生酱和果酱——但是在我的记忆中，妈妈做的的确更好吃，因为那是她只为我做的。她还做了番茄汤，里面放了一点奶油。奶油在汤里飘散开来，味道鲜美，至今都是我的挚爱。

你瞧，我们对事物的感觉影响着我们的判断。我很欣赏一名31岁的女士，她照顾着三个孩子，把日常事务都交给丈夫打理。

> **需要考虑的事情**
> 告诉你丈夫，今天，每天，你欣赏他的一件事。
> 说的时候抚摸着他，让这个信息变得特别清晰。

"什么？"你可能会问，"这个女人不能自己做决定吗？她是不是那种女人，永远在支票上写'威廉姆斯·琼斯'而不是'萨莉·琼斯'，好像她离开丈夫就没有自己的身份了？"

老实说，我也有同样的担心。但是当我仔细观察这对年轻夫妇的互动时，我觉得很惊喜。夫妻双方相互顺从的方式看上去十分美妙。妻子让丈夫打理事务，是出于对他的尊重——不是她不得不这样做。她不希望他为某些事情感到惊讶或者从第三方听到某些情况，从而影响到她和他们的家庭生活。丈夫呢，就他而言，时常做出各种各样讨妻子欢心，为妻子服务的事情——并且从中获得极大的乐趣。

只要你给点鼓励，你的骑士便会为你擦亮自己的盔甲。

他渴望成为你的英雄。他心底的那个小男孩愿意你与他同乐，以他为荣。

女人的话：

我是一名银行高级经理，手下有36名员工，经常在美国东南部地区参加会议，事业有成。我挣了许多钱，世人认为重要的东西我都有，但是我的内心很崩溃，觉得非常孤独，完全迷失了方向。我拒绝婚姻中的一切冲突，因为我知道自己无法在那个领域获得成功，所以把所有精力放在了工作上。

许多夜晚我丈夫都是独自度过的，我不明白为什么他愿意和我在一起待了12年，可他就是做到了。现在我终于做出一个重大的决定——我已经37岁了——我想有个家。我已经开始考虑辞职，留在家里……如果我怀孕了。

您在5月到我们银行的区域服务活动中演讲。我因此觉察到一个事实，我躲避男人，害怕受伤的方式之一便是和丈夫保持距离，把自己藏在成功的、繁忙的、卓越的银行事业之后。但是事业的成功对我的心灵没有任何帮助。我身边躺着一个灵魂伴侣，他却没有人和他分享。

我对丈夫说了实话，对给他造成的伤害感到抱歉。渐渐的，我开始尊崇他——在我们的婚姻中真不容易啊。我终于明白为什么人们说婚姻是伟大的，以前我可不是那样认为的。我有意在他面前表现出谦虚，开始思考"我们"，而不仅是"我"。我做了您建议的几件基本的事情，现在我再也不害怕我的婚姻会终止了。我不仅拥有了一个新丈夫，还变成了一个新妻子。

嘉娜，纽约

♥ 试试吧

一天，我飞抵纽约的艾克米拉，住进宾馆，放下行李。在出席会议之前，我在包里翻找一瓶药水，然后，猜猜我找到了什么？一张我妻子写的纸条，她将在晚些时候飞过来，然后我们一起开车到密歇根。还记得我说过我们会生生世世在一起吗？她在纸条里面这样写道：

嗨，亲爱的，我知道你要去干大事了。我都等不及在星期三见你了。我们会有许多乐趣的。（在乐趣下面她画了一道弯弯曲曲的线。）

我明白在浸信会中那代表什么。天性保守的桑蒂，从不把事情写得太明确，但是她花时间为我写了这张纸条放到我的书包里面。

如果你想给旅行的丈夫上个保险，那就在他的包里塞入一张有趣的卡片或者爱心纸条。关爱非常有效。也许那

些卡片上说得对：足够的关爱是最佳的问候。

关爱需要花费精力。所有值得的事情都需要花费精力。

关爱应该是充满乐趣的。我可以证明这一点，结婚40多年了——一直面对着同一个女人。在所有的地球人当中，我和桑蒂永远把重点放在对方身上，把丈夫和妻子的身份放在首位，我们的孩子位居其后。

你想把精力投资在什么地方？在你垂死之时，我希望你不要问这种问题："为什么我要死了？"如果这样问，那说明你有问题了。你应该问："我为什么这样过了一生？"如果你享受了自己想要的日子，清楚自己要去向何方，你不会整天忧心忡忡的。

为什么不像那样生活呢？现在，当我为本书写最后几段之时，我妻子正在逛大超市。

"亲爱的，我20分钟以后就出来。"她说。

我笑了，结婚这么久我太了解她了。"我在外面等你。不要着急。"

知道我为何那么说吗？因为今天是她的日子，不是我的。我选择陪着她。桑蒂把我放在第一位，尊重我，需要我，满足我，所以我也愿意对她如此。

把丈夫放在首位是件容易的事吗？不，但是很简单。想要在星期五获得一个新老公，你要先从改变自己开始——你的态度，你的行为。你真心愿意取悦你丈夫吗？

因为你的背景，你或许需要更加努力才能让你们的结合更健康。你或许需要更清楚地了解自己的过去——以前对你的影响，现在对你的影响，你又是如何将之转化，进而影响到你丈夫的。有些婚姻，坦白说，无法修补——特别是与暴虐行为、精神疾病、化学成瘾有关的，但你仍然可以用我教给你的方法做出选择。

我们每个人都拥有一天24小时，你的时间和精力花在了哪个方面，花在了谁身上？与约会时相比，你现在的生活变化有多大？（了解这些会有助于你理解，为什么你丈夫的行为有时会像一个4岁的孩子，他在希望引起你的注意。）有种观念认为，你丈夫会愿意你把孩子放在首位，然后是你姐姐，然后是你的工作，然后是你的朋友——最后才是他。即使被贬低了，他还是同样的有耐心，理解人，很友善，有爱心，乐于助人。这种想法实在是傲慢愚蠢。男人可以对女人想当然，女人也会对男人想当然，你是否就是这样？

在你每天繁杂的事务中，记住：你丈夫不是你的敌人，他是你的助手。当你滑入妈妈的轨道，很容易忘掉你还有

一条更长的，持续更久的婚姻的轨道。一旦你的小家伙离开家，你和你丈夫还要继续相守。因此现在为什么不为持续一生的时光打下坚固的基础？和他交谈，询问他的想法，征求他的意见，让他帮你解决问题，发展你们的"夫妻能量"（两个人好过一个人）。如果你能做到本书中讲的那些简单的事情，你会获得梦寐以求的英雄——骑着马冲进战场拯救你的骑士。"需要帮助吗？我来了！"你的骑士会这样高喊。

今天为什么不问问你丈夫："能给我列张单子吗？告诉我怎样做才能成为你更好的爱人、配偶和朋友？"

在星期五获得一个新老公很简单，但并不容易。一切始自于你。去了解你丈夫——知道如何接近他，如何和他交流，如何抚摸他；知道何时退后，何时开口；满足他，取悦他，聆听他，和他一同欢笑，一起激情地做爱；做他的益友，懂得他的性别特质；和他共同祈祷，分享欢乐，分担痛苦，与他并肩而行。

换句话说，你希望你丈夫如何对待你，你就如何对待他。如果你这样做，你会拥有一个一生的灵魂伴侣。

一天晚上，我侧身吻了吻桑蒂，向她道晚安，结果差点直不起腰。我那个妻子很少比我早上床，但是那天她也累垮了，一动都不想动。

她笑起来:"亲爱的,我们看来要一起变老了,真好。"

是的,我们会的。我会珍惜和我的梦中人度过的每一分钟。和那个与你一同上路的人一起变老,再没有比这更美好的事情了。

欣赏喜爱这个叫做男人的生物吧,他在等红灯时剪指甲,对好食物的标准是牛肉饼和炸薯条,认为只要自己身材健硕便可以打NFL。欣赏他,喜爱他,因为他是*你的男人*。

一天早晨,我在西野的一家道奇店等着修车,我问了三个男人,他们的老婆做的哪一件事让他们觉得自己真是她的那个穿着闪亮盔甲的骑士?得到的回答出乎我的意料。

"为我准备我喜欢的晚餐。"

"为我祈祷。"

"继续做她现在做的事。"

"什么呀?"我问第三个家伙,"太不具体了。"

他摸着自己灰白的脸颊说:"她很在意我,监督我的饮食,我是个糖尿病患者。所以这个真的很重要。"

这些实在不是你期望的,一个愿意为汽车弄脏自己指甲的"真正男人"的回应吧?坦率地说,我还以为会听到诸如"允许我把鹿头带回家""穿着那件紧身衣为我跳舞""在前门脱下她的裤子"之类,但是没有。

有意思的是,这些男人都年过50,结婚20多年了。他们是强壮的成熟的男人,对上帝抱有坚定的信仰。他们的婚姻目标都很长远。

肯尼迪总统曾经说过:"不要问你的国家能为你做什么,要问你能为国家做些什么。"把这句话用在婚姻中,就是:"不要问你丈夫能为你做什么,要问你能为他做些什么。"

如果你按照那些原则去做,你的婚姻会得到怎样的改善?我保证你可以在星期五获得一个新丈夫。

其余的就交给你了。

星期五的事情

1. 回想自己的儿童时代。你父亲是如何对待你母亲的？你母亲是如何对待你父亲的？你父亲是如何对待你的？那些早年的经验对你和丈夫的互动有什么影响？
2. 换个方式做事，相信你会看到效果。
3. 和你丈夫说你很高兴嫁给他，他是你的男人。
4. 对待他像你的英雄，他就会是个英雄。

后 记

*这不容易，
但是很简单*

在星期五获得一个新老公？可能吗？

说实话，这是一个骗局。如果你做得好，*星期*三他就出现了。

在婚姻中发生改变很不容易，但是很简单。一切从你开始，你的动力，你的渴望会给你的婚姻带来改变。那是因为你是你丈夫能遇到的最好的老师。你更贴近生活——你看的是 3D 画面，他看的是黑白频道；你有能力同时应付多种任务，多种个性和没完没了的事情，而他一次只能集中精力完成一项任务。

毫无疑问你男人比你简单得多。毕竟，他不需要经历每月的例行公事或者任何荷尔蒙的变化，但是绝对不要认为你那个简单的男人头脑也是简单的。差远了。你男人两个耳朵之间的那台电脑始终在不停地盘算着一些事情——一些你从来不曾想象他会考虑或者计划的事情。

但是谈到他的需要，你只需给他很少的几个基本要素，他就能像一只小猫一样满足地打呼噜。

对他表示尊重。
表现出你的世界里面需要他。
聆听他，赞赏他的意见。
肯定他的男子气概。
不要问他"为什么"。
小心选择你的词语——简化它们。
自由追求他的身体——让你们的关系充满乐趣，重新活跃起来。

拥有一个良好的婚姻，在于相互尊重，躲到你配偶的眼睛后面，看看他或者她观察世界的角度是什么；拥有一个良好的婚姻，还在于相互服务——这是一个 100/100 的夫妻关系，而不是 50/50 的"另外那个人能为我做什么"的合伙关系。

我已经为"周五收获新老公"这个题目做了最大的努力，其余的就看你的了。当然，遵循这些原则需要一些耐心和先见之明，意味着需要你走出你的安乐窝，冒个险。

难道你的丈夫和你的婚姻不值得你尽心尽力吗?难道你不值得吗?在你的内心深处,你难道不愿意有一个骑士为你打掉坚墙?

一切都从这些简单的原则开始。如果你照着做,你会获得你长久渴望的奇迹。

我保证。

周五收获新老公的十个倒计时步骤

10 尊重他说的话。

9 告诉他,他在你的生活中很重要。

8 告诉他,你非常需要他。

7 追求他。

6 不要纠正他或者拿他开玩笑,*尤其*是在他人面前。(你的大家伙比你想象的要敏感得多。)不要做一个爱翻旧账的人。(找出他过去的错误数落他。)

5 不要贬低他。他是你的丈夫,不是你的孩子。

（即便有时他的作为确实像个孩子。）

4 与他身体接触。一个能够持续很长时间,并且*真正*获得他注意的爱抚。

3 称赞他,说他的好话。（甜言蜜语相当于一次深情的拥抱。）

2 把"*为什么*""*从不*""*总是*"这些词语从你的字典里面删掉。（过激的言辞会中断一场坦诚的交流。）

1 考虑清楚要说什么,然后分成十次说出来。

遇到下面的情况，你会怎么做……

1. 有件事情你必须在明天之前得到一个答复，不能再拖了，你急需你丈夫的意见，你会怎么做？

A. 给上班的他打电话，告诉他实情，询问他的想法。

B. 直接去他的办公室或者工作地点找他，告诉他必须马上做出回应。

C. 问女友或者他上司的夫人，她们觉得他会如何作答。

D. 耐心等候。直到他下了班回到家，吃过晚饭，上过厕所，看完邮件，甚至在电视前放松一会儿之后，再告诉他相关的事情，并征求他的意见。

解答：

如果你选择 A，不是个好主意。你丈夫的脑筋不能随时变换，不善于同时思考多件事情。当他在办公室的时候，他满脑子都是工作。当他在家的时候，他才会想别的。逼迫他只能令他感到懊丧和恼火。

如果你选择 B，你是准备进行第三次世界大战吗？没有一个男人喜欢在工作的时候被一个必须马上作答的问题打扰。这样很可能会让他在自己的同事面前颜面尽失。

如果你选择 C，要小心了。任何一个自尊心强的男人都不愿意你去问他人他会怎么想。他需要从你那里得到消息，直接从你的口里，而不希望你先问他人的意见。

如果你选择 D，那你真是个聪明的女人。没准你还会做他最喜欢的甜点，或者抚摸他，吸引他的注意力，增强他对谈话的兴趣。

2. 你丈夫完成了这一季的销售指标，获得了去夏威夷旅游的奖励，你被邀请同行。你们结婚 25 年了，从来没有去过夏威夷。你会怎么做？

A. 高兴地与你丈夫同行，看看他都在做些什么。

B. 请你的姐妹或者好友一起出游。在你丈夫忙着参加商务会议的时候，你们可以一起逛街不觉得烦闷。

C. 利用这次难得的机会带上你的三个成年孩子中的两个，其中一个生活在加利福尼亚，另一个你一年只能见上四五次面。

　　D. 拒绝出游，留在家中。因为有许多事情要做，你不能撒手不管。

解答：

　　如果你选择B，猜猜你实际想对丈夫说什么？"你是我认识的最无趣的男人，你做的事情也很无聊。在你忙的时候，我需要有人做伴。有美丽的夏威夷可看，有海滩可游，有商店可逛，谁还稀罕参加那些乏味的旧式商业会议？"

　　如果你选择C，你真是一个天生的女人。你在想：*哇，多好的一次机会，孩子们一定会喜欢的。还有免费的房间，这是仅有的机会我们可以全家出行。*但是请从男人的角度考虑一下，这些年来你们一直和孩子们在一起，现在他的工作干出了成绩，终于获得一个和心爱的女人共同分享硕果的机会，还有什么比这个更美好的吗？

　　他还会想：*哦，我简直等不及了。美丽的夏威夷，只有我们两个人。完全属于我们两人的房间，我们可以想做什么做什么……嗨，我打赌她穿红色的睡衣会很好看，最好先检查一下。还有，要提前预订她最喜欢的鲜花，再在枕头上面放一些高迪瓦黑巧克力。一切都将是无比美妙的。*

　　看懂我的意思了吗？你的大家伙一直在为讨好你，偷偷地努力工作。不要让他失望，你的婚姻难道不值得你只为他一个人花点时间吗？

如果你选择 D，你最好现在就准备上法院离婚吧，你的所作所为已经很清楚地表明了。没有男人长时间甘心处于第二位的（或者第三，第四）。你有责任要承担，每个人都有。但是，为了陪陪丈夫暂时放下它们几天，地球就不转了吗？你的陪伴对他很重要，对你们的夫妻关系极其重要。

如果你选择 A，你很清楚什么是优先的。25 年后，你们很可能还会互相凝视着，手拉手坐在门廊的摇椅上。这就是爱。把对方的兴趣放在第一位，把相互陪伴看做是最重要的，这才是婚姻的黏合剂——而且一路上你们的生活将充满欢乐。

3. 你起晚了，匆忙洗了脸，把孩子送出门，就在你穿好衣服刚要冲出房间的时候，突然发现……哦，你丈夫正含情脉脉地注视着你。可是9点之前你手头上有10件事在等着，10点钟要穿过市区去赴个约会，还有兼职工作。当然了，在辛苦工作七天之后，你丈夫应当享有一天的轻松，但是你没有时间。你不敢相信，他那种眼神简直就是在说：*嗨，宝贝，来点乐子吧*。你很明白他想要整个儿的玉米馅饼。你该怎么办？

A. 瞪着他，说："我现在像有兴趣玩的样子吗？没看见我已经穿好衣服要出门了吗？"

B. 哄骗他说："亲爱的，现在还不是时候。耐心点，三月初我就有时间了。"

C. 走到他身边，紧紧地攥住他的"鹿角"，发挥你的创造力。然后侧过身对着他的耳朵说："等我晚上回家，还会有更多的——好多好多。"走之前再用一个热情的吻作结。

D. 不管他，自顾自地冲出门。反正你们已经结婚12年了，他可以等的。

解答：

如果你选择 A，你无疑是在向丈夫宣告，他在你的事务清单上位列倒数第一，立刻打破了他想和你浪漫的任何冲动。这样做真的值得吗？那些琐事就不能等等吗？如果你能够忽略那么一两件，挤出时间和你丈夫亲热一下，我肯定这一整天你俩都会觉得好过多了。

如果你选择 B，你真是一个时间表女王，一个天才，不仅把自己，连家里所有人的工作都安排好了。也许你说"现在不是时候"是因为你觉得没有时间再洗澡了。为什么不来点创意呢？不过五分钟左右，不会对你的时间表造成太大损失的。况且你丈夫很可能因此会乐得嘴咧到耳根子上，活似一只暹罗猫，甚至还能帮你干点活呢。

如果你选择D，简单地说，你的婚姻有问题了。如果你忽略你丈夫，他会找上其他人，愿意聆听他，尊重他，满足他的人。那是你真想要的吗？

如果你选择C，你很了解你丈夫的需要——你会像魅力杂志的封面女郎一般踏出大门。留在身后的，是对你这样一个善于变通的女人感到心满意足的丈夫。或许，晚上回到家的时候，你会发现屋子被打扫得干干净净，晚饭也做好了，他还迫不及待地帮你把孩子们早点弄上床。想必你一定会因此脸上乐开花的。

4. 你看到一张你丈夫早晨6点写给女儿的纸条，那天女儿要去静修。字条里面充满了一位父亲能够写出的最甜蜜、最亲切、最动人的词语。你该怎么做？

A. 把纸条在午餐时候拿给女友看。

B. 晚上见到你丈夫的时候，温柔地抱住他，热情地亲吻他，凝视着他的眼睛说："你给女儿写的那张纸条实在是太棒了。她一定特别激动。真不敢相信我是这么幸运，嫁给你这样的男人！"

C. 把纸条装在相框里面，挂到你女儿房间的墙上，这样她一回家就可以看见了。

D. 给正在上班的丈夫打电话,告诉他你被那张甜蜜的纸条感动得哭了。

解答:

如果你选择 A,你很可能让你男人感到尴尬。当然,到处宣扬你丈夫的好行为不是件坏事。(他会满心喜悦地听到那些好话。)但是那张纸条,却表现了他柔情的一面,他只想与你和女儿分享的一面。有些东西,哪怕和自己最好的朋友,也不要分享。

如果你选择 C,你做得有点过头了。那张纸条是你丈夫和女儿之间一种特别的纽带,让女儿决定她要如何做吧,不需要好像是为了让所有人都看见似的装饰在墙上。

如果你选择 D,你的情绪化打断了你丈夫的日常工作,那个时候男人的心思都专注在工作上,处理这种应该在家里发生的事情他会感觉不舒服。

如果你选择 B,你做得一点没错!一个小小的插曲就满足了他的最大需要,被尊重,被需要,被满足。他一定会想:*娶了这样的女人我也真幸运。*

5. 你很重视家庭度假计划,对今年的夏季出游做出了一个很特别的构想,希望能够确定下来。两天前你询问了你丈夫，但是至今他的回答连点影子都没有，你该怎么说?

A. "嗨，大家伙，我两天前问了你一件事，现在还等着回音呢。"

B. "你到现在都没有和我说对我们的旅行有什么想法，我很伤心和失望。"

C. "嗨，亲爱的，再想想那天我问你的那件事好吗？关于我们的假期的？你有什么想法吗，哪怕只是一点点？我真的很感激。"

D. "现在听着，不管你怎么想，离旅行只有7个半月，我需要做计划了。我必须预定最好的机票。"

解答：

如果你选择 A，你有麻烦了。你希望他用那种方式和你说话吗？黄金法则：己所不欲，勿施于人。

如果你选择 B，你扮演了一个很好的受害者。作为被伤害和被侵犯的角色，你成功地阻止了你丈夫，你再也不会从他那里得到任何回应了。不会了。

如果你选择 D，你不是你丈夫的同伴，而是他最大的敌人。你对待他的方式就好像他是你完美计划的阻碍一般，再确认一下，你的方案真的很不错吗？你仔细从各个方面都认真考虑过了吗？也许你丈夫正在这样做呢。

如果你选择C，完全正确。他两耳朵之间的那台计算机会接收到你的信息，然后进行处理，只是需要时间，那是他们的本性。如果你尊重他，你就会知道他真的在认真考虑——而且他肯定会有一些好主意的。

6.你希望告诉你丈夫你真的很在乎他，你该怎么做?

A.在周一晚上的橄榄球之夜节目期间，给他做一场20分钟的演讲，题目是：你在我心目中的重要性。

B.给他做最喜欢的饭菜和甜点。

C.把孩子送到爷爷奶奶家，计划一个浪漫的约会，给他一个惊喜。

D.表现出你对他的尊重和需要，乐于满足他，愿意与他共度一生。

解答：

如果你选择A，我要告诉你两件事：你要明白时机的重要性，还有缩减你的字数。对许多男人来说，橄榄球之夜是不容侵犯的，最好不要掺和进去。哪怕你说得再好，在节目中间讲话或者挡住他的视线只会惹恼他。在广告和中场休息的时候，你也许可以插进一两句，不过那经常是他上厕所和吃零食的机会。为什么不另选一个没有橄榄球打扰，能够完全拥有他的时刻？温柔地抚摸他，得到他的关注，把想说的话概括一下，大概是你平常用语的十分之一，我保证他能记住每个单词。

如果你选择 B，你做得不错。老话讲得好：抓住男人的胃，就抓住了男人的心。回到家，闻到饭菜和烘饼干的香味，看到一个笑脸相迎的老婆，对男人而言还有什么比这些更美呢？你不需要成为保姆，有些女人喜欢下厨房，有些则很讨厌。我认识一位女性，尽管完全不会烘焙，却能从杂货店搞到非常好吃的巧克力夹心饼干。一点点努力便会为你和你们的夫妻关系带来巨大的收益，他将因此非常乐意为你效劳。

如果你选择 C，你做得不错。作为终生的伴侣，没有什么比独处的时光更美好。其他所有事情——打扫，工作报告，带狗散步——都可以等一等。穿上那件在衣橱里面放了很久的小东西，和配偶好好享受一个夜晚。

如果你选择 D，你做得不错。你很清楚你男人的三大需要——被尊重，被需要，被满足。那是你们一生美好婚姻的保证。

如果你没有答对 5 个问题以上，请回去把这本书再读一遍。

注　释

星期一：秘密揭晓

1. 保罗·坎顿，"大脑构造对男女行为的不同影响"，纽约时报集团，1999年12月15日，http://nytsyn.com.

2. 简·弗哈特，"男女区别对治疗方案的影响"，纽约时报集团，1999年12月28日，http://nytsyn.com.

3. 同上。

4. 詹妮弗·考克斯编著，"了解人类大脑"，《儿童百科全书》，大英百科全书公司，1996年，136–41，2008年12月7日，http://www.sfu.ca/~dkimura/articles/britan.htm.

5. "右脑对左脑"，《先驱太阳报》，2007年10月9日，http://www.news.com.au/heraldsun/story/0,,22556281-5006123,00.html.

6. 同上。检测自己是左脑控还是右脑控，请前往http://

news.com.au/dailytelegraph/story/0,,22744841-5012895,00.html.

7. 莉娜·孙博士,"痛觉敏感性和镇痛反应的性别差异",《性别特异性医学月刊》(1998年9月):28-30.

8. 弗哈特,"男女区别"。

9. 桑德拉·R·莱布博士,"性问题和功能障碍:流行病学,分类以及危险因素",《性别特异性医学月刊》(1999年9-10月):41-45.

10. 同上。

11. 同上。

12. 琼·科尔,引用自罗伯特·安德鲁,《哥伦比亚语录辞典》(纽约:哥伦比亚大学出版社,1998年)。

13. 巴纳集团,"基督徒的离婚率通常高于非基督徒",1998年12月21日,www.barna.org.

14. 莎伦·杰逊,"女人当家,男人OK",《今日美国》,2008年9月25日。

15. 莎伦·杰逊,"性别差异在家庭中得到认可,但是并非在某些职位中",《今日美国》,2008年9月25日。

16. 迈克·瑞安,引用自林恩·M.约翰逊,"婴幼儿养育",www.about.com.

星期二：另一个星球的生物……还是习惯的产物

1. 凯伦·谢尔曼，"右脑女人，左脑男人"，第三期，2006 年 12 月 21 日，http://thridage.com/today/love-romance/right-brain-women-left-brain-men.

奖励章节：

1. 有关取悦者和掌控者的更多介绍，请参看我的书籍：《为何女性不必取悦所有的人》（大急流城：雷维尔，2006 年）。

星期四：想象他是一只海豹，在追逐一条三磅重的鱼

1. 见《哥林多前书》7:3-5.
2. 见《以弗所书》5:21.
3. 盖瑞·查普曼，《爱的五种语言》（芝加哥：北方出版社，1995 年）。

星期五：真正的女人，才能造就出真正的男人

1. 更多信息请参看我和威廉姆·潘塔克合著的《牧羊人之路》（大急流城：桑德凡，2004 年）。
2. 见《以弗所书》5:21.

关于凯文·李曼博士

凯文·李曼博士是世界著名心理学家、演说家,电台、电视台节目主持人。他巧妙地运用常识心理学,寓教于乐,感染了全球范围的听众。

凯文·李曼博士还是《纽约时报》的畅销书作家。他根据自己的著作《周五收获新小孩》和《出生顺序》为许多电台、电视节目提供电话咨询,这些节目包括《狐狸和朋友》《观点》《晨间秀》《今日》《奥普拉》《早间秀》《美国》《和雷吉斯·罗宾一起生活》《美国之晨》《今日生活》《家庭焦点》等。另外,他还在《早安,美国》节目中担任家庭心理医生。

李曼博士创立了帮助夫妇维持幸福婚姻的"夫妻之诺"组织,并担任主席。他还是爱问题网站的创始人之一。

李曼博士供职的专属机构有美国心理学会、美国电视与广播艺人联合会、国家注册心理卫生服务提供机构、阿德勒心理学会北美分会。

1993年,他获得芝加哥北园大学的"杰出校友奖"。2003年,获得亚利桑那大学颁发的"校友成就奖",那是一个大学能给予的最高荣誉。

李曼博士毕业于北园大学,在亚利桑那大学获得心理学学士学位,后来又获得了硕士和博士学位。他出生于纽约的威廉斯维尔,现和妻子定居亚利桑那的图森市,他们养育了五个儿女和两个孙儿。